Horst Opaschowski
Die semiglückliche Gesellschaft

Horst Opaschowski

Die semiglückliche Gesellschaft
Das neue Leben der Deutschen auf dem Weg in
die Post-Corona-Zeit. Eine repräsentative Studie

Verlag Barbara Budrich
Opladen • Berlin • Toronto 2020

Bibliografische Information der Deutschen Nationalbibliothek
Die Deutsche Nationalbibliothek verzeichnet diese Publikation in der Deutschen Nationalbibliografie; detaillierte bibliografische Daten sind im Internet über https://portal.dnb.de abrufbar.

Gedruckt auf säurefreiem und alterungsbeständigem Papier

Alle Rechte vorbehalten
© 2020 Verlag Barbara Budrich GmbH, Opladen, Berlin & Toronto
www.budrich.de

ISBN   978-3-8474-2466-6
eISBN   978-3-8474-1605-0
DOI   10.3224/84742466

Das Werk einschließlich aller seiner Teile ist urheberrechtlich geschützt. Jede Verwertung außerhalb der engen Grenzen des Urheberrechtsgesetzes ist ohne Zustimmung des Verlages unzulässig und strafbar. Das gilt insbesondere für Vervielfältigungen, Übersetzungen, Mikroverfilmungen und die Einspeicherung und Verarbeitung in elektronischen Systemen.

Umschlaggestaltung: Bettina Lehfeldt, Kleinmachnow – www.lehfeldtgraphic.de
Titelbildnachweis: Bettina Lehfeldt, Kleinmachnow – www.lehfeldtgraphic.de
Lektorat & Satz: Ulrike Weingärtner, Gründau – info@textakzente.de
Druck: Books on Demand GmbH, Norderstedt
Printed in Europe

Für meine fünf Enkelkinder
Emmy und Nova
Maximilian, Julius und Juri

AN DIE NACHGEBORENEN

„Wirklich, ich lebe in finsteren Zeiten …
Ihr aber, wenn es so weit sein wird,
Dass der Mensch dem Menschen ein Helfer ist,
Gedenkt unserer
Mit Nachsicht!"

BERTOLT BRECHT: Gedicht (1934)

Inhaltsverzeichnis

Vorwort 11
Leben in schwieriger Zeit 11

I. **Am Horizont ist Licht in Sicht!**
   Die Menschen machen das Beste aus ihrem Leben 17
   1. Ohne Gesundheit geht gar nichts.
      Wohlstand fängt mit dem Wohlergehen an 17
   2. Die Zuversicht wächst – trotz Krise.
      Vor allem Familien mit Kindern blicken
      optimistisch in die Zukunft 21

II. **Darauf können wir bauen!**
    Die stabile Wagenburg in unsicheren Zeiten 27
    1. Die Familie wird wichtigster Lebensinhalt.
       Das Zuhausesein im Vertrauten zählt 27
    2. Eine neue Solidarität der Generationen entsteht.
       Die Unterstützung bei vielen Krisen 36
    3. Freunde und Nachbarn sind wie eine zweite Familie.
       Verlässliche Wegbegleiter im Leben 44
    4. Helferbörsen im Wohnquartier.
       Freiwillige Hilfeleistungen sind gefragt 51
    5. Aus Mitgliedern werden Mitmacher.
       Initiativen verdrängen Institutionen 54
    6. Bürger wollen eine bessere Gesellschaft schaffen.
       Konturen einer neuen Mitmachgesellschaft 56
    7. Arbeiten zwischen Homeoffice und Netzwerken.
       Berufs- und Privatleben nähern sich an 59
    8. Hilf dir selbst, bevor der Staat dir hilft.
       Die Anspruchshaltung verändert sich 65
    9. Volksabstimmungen im Trend.
       Mehr Macht bei politischen Entscheidungen 66
    10. Der fürsorgende Sozialstaat hat sich bewährt.
        Der Staat strahlt soziale Wärme aus 70

III. **Die veränderte Wertehierarchie der Deutschen.**
Die Prioritäten des Lebens wandeln sich. 75

1. Der unaufhaltsame Aufstieg der Ehrlichkeit.
   Die Antwort auf Defizite in Wirtschaft und Gesellschaft 75

2. Die große Sehnsucht nach Stabilität.
   Mehr Sicherheit garantiert mehr Freiheit 78

3. Vertrauen wird zur neuen Währung.
   Der soziale Kitt der Gesellschaft. 80

4. Selbstständigkeit ist das wichtigste Erziehungsziel.
   Lebensunternehmertum gilt als Leitbild 82

5. Die Wiederentdeckung des Wir-Gefühls.
   Vom Auseinanderdriften zum Zusammenhalten 85

6. Zeit ist so wertvoll wie Geld.
   Mehr Zeitwohlstand durch Entschleunigung 88

7. Umweltverhalten muss zur Herzenssache werden.
   Auf Verbote kann dann weitgehend verzichtet werden 91

8. Medien werden zu Erziehern.
   Mehr Einfluss als Schule und Elternhaus 93

9. Mehr teilen als besitzen.
   Das Eigentumsdenken verändert sich 95

10. Besser leben statt mehr haben. Ein grundlegender
    Einstellungswandel zeichnet sich ab 100

IV. **Rettet das gute Leben!**
Wann, wenn nicht jetzt 105

1. Schluss mit schlechter Stimmung.
   Überwiegend negative Nachrichten
   erzeugen Zukunftsangst. 105

2. „Ich reise – also bin ich!"
   Reisen bleibt die populärste Form von Glück 113

3. Mit neuer Zuversicht in die Zukunft.
   Die Rettung für Rückschläge 118

4. Besonnenheit statt Betriebsamkeit.
   Kühler Kopf in Krisenzeiten 125

**V. „Wir sind semiglücklich!"
Das neue Leben auf dem Weg
in die Post-Corona-Zeit** 131

1. „Glückauf": Es geht aufwärts.
   Leben in der semiglücklichen Gesellschaft 131
2. Wunsch nach mehr Optimismus in unserer Gesellschaft!
   Sehnsucht nach optimistischerer Stimmung im Land 134
3. Rezession sorgt jeden zweiten Deutschen nicht.
   Aber Bevölkerung bleibt wirtschaftlich gespalten 135
4. „Ich vermisse nichts!"
   Bescheidener werden als neue Glücksformel 137
5. Sinn. Besinnung. Besonnenheit.
   Corona-Krise löst Nachdenklichkeit aus. 138
6. Die Politiker schaffen es!
   Hohe Zufriedenheit mit dem
   Krisenmanagement der Regierung 139
7. Politik muss Jugend Mut zur Zukunft machen!
   Bevölkerung fordert weitsichtige Lösungsansätze 141

VI. Anhang 143

1. „Hilf dir selbst – bevor der Staat dir hilft!"
   (M)ein Leben in Krisenzeiten 143
2. Zukunftshaus Deutschland. Das neue Leben der
   Deutschen auf dem Weg in die Post-Corona-Zeit 149
3. Quellen und Belege. 152
4. Stichwortverzeichnis 156

Vorwort

Leben in schwieriger Zeit

Die Corona-Krise verändert uns und die Gesellschaft – für immer? Wir dürsten nach Freiheit, Geborgenheit und Glück und wollen nicht länger in schwieriger Zeit leben. In dieser Sehnsucht nach dem guten Leben fühlen wir uns bisher von Wissenschaft und Forschung vielfach alleingelassen und enttäuscht. Monatelang, ja täglich und stündlich werden wir mit den Aussagen von Politikern und Experten konfrontiert. Doch mit der Flut der medial vermittelten Informationen entsteht der Eindruck, dass die nahe Zukunft – *die Welt und das Leben nach der Krise* – immer weniger prognostizierbar ist.

So gesehen haben *Wissenschaft und Forschung* gerade in Krisenzeiten eine besondere soziale Verantwortung. Sie müssen Antworten und Erklärungen für offene Fragen geben: Können wir den neuen Herausforderungen noch mit alten Gewohnheiten begegnen? Wird sich unser Leben wirklich grundlegend verändern? Und wie sieht die Gesellschaft danach aus? Fahren wir dann alle mehr auf Sicht oder Zuruf, weil niemand weiß, was kommt, was geht und was bleibt? Die folgende Zukunftsstudie beschreibt die *Gefühls- und Lebenslage der Deutschen*, wenn sich die Krisenlage Zug um Zug beruhigt und das Leben zurückkehrt – in Schulen, Kirchen und Läden, Restaurants und Shoppingcentern, in Parks, Passagen und auf öffentlichen Plätzen, wenn also der Alltag des öffentlichen Lebens wieder Einzug hält.

Während der erzwungenen „Bleib-zu-Hause"-Zeit hatten wir das Wohngefühl als Wohlgefühl erlebt und uns damit auch arrangiert. Jetzt muss der öffentliche Raum als „zweites Zuhause" wiederentdeckt und neu erobert werden. Schließlich hatte der erzwungene Rückzug ins Private auch seine sozialen Schattenseiten („social distancing"), bei dem die Wohnung zur Isolierzelle nach draußen wurde.

„Am Horizont ist Licht in Sicht" lautet das überraschende Ergebnis der folgenden Studie. Die Bevölkerung meldet trotz allgemeiner Krisenstimmung ganz persönlich große Zuversicht an. Wer aber ist „die Bevölkerung"? In meinen Auswertungen stütze ich mich nicht auf Meinungen von Minderheiten, die vielleicht schon immer positiv gestimmt waren oder sind. Nein. Alle ausgewerteten Antworten auf die Frage „Was macht die Krise mit den Menschen und der Gesellschaft?" sind *repräsentativ ermittelte Mehrheitsmeinungen* der deutschen Bevölkerung. Der Zustimmungsgrad der Befragten liegt beispielsweise bei 59 Prozent („Mehr teilen als besitzen"), 90 Prozent („Ohne Gesundheit ist fast alles nichts wert") und 91 Prozent („Sehnsucht nach Sicherheit").

Diese positiven Befunde haben allerdings auch ihre Schattenseiten. Denn je besser es der Mehrheit geht, desto aggressiver wird die Stimmung bei Minderheiten, die sich vom allgemeinen *„Alles-wird-gut"-Gefühl* der Bevölkerungsmehrheit ausgeschlossen und ausgegrenzt fühlen. Dann kippt nicht die Stimmung im Land, sondern die *gefühlte Kluft* zwischen Krisengewinnern und Verlierern wird größer und konfliktreicher, was auch die öffentlichen Demonstrationen während der Corona-Krise erklärt. Kritische Zeithistoriker weisen zudem nach, dass es grundsätzliche Vorbehalte, ja *Ressentiments gegen die Mehrheitsgesellschaft* gibt. Dahinter stehen Minderheiten, die sich mitunter „als moralisch höherwertig inszenieren und deshalb die Mehrheit explizit anfeinden" (Vukadinovic 2020, S. 2). Sie fühlen sich als Minderheit von Rang und wollen entsprechend anerkannt werden. Ist das Demokratie pur, wenn die meisten Bürger und nicht Politiker oder Experten sagen, wie das *Leben vor, während und nach der Krise* weitergeht? Die Bürger sind doch der Souverän und die gewählten Politiker nur ihre Vertreter.

Die vorliegenden O.I.Z-Forschungsergebnisse stellen eine empirische, keine spekulative Bestandsaufnahme dar. Die Gedanken zum Wohlergehen und zur Lebenszufriedenheit der Menschen basieren ausschließlich auf gesicherten Daten aktueller Repräsentativumfragen von 3.000 Personen ab 14 Jahren in Deutschland, die in *drei Befragungswellen* durchgeführt wurden – VOR der Krise (Januar 2020), IN der Corona-Krise (März 2020) und NACH den ersten Lockerungen (Juli 2020):

- Die erste Welle begann mit Repräsentativerhebungen *vor der Krise*. *„Wir leben in schwierigen Zeiten*: Umwelt-, Wirtschafts- und Gesell-

schaftskrisen hinterlassen Spuren auf dem Weg in die Zukunft ..."
Mit diesen Worten startete ich am 20. Januar 2020 eine erste bundesweite Repräsentativumfrage und stimmte die Bevölkerung auf gesellschaftliche Veränderungen in naher Zukunft ein – BEVOR das Corona-Virus Deutschland erreichte und der erste Corona-Fall in Deutschland am 27. Januar gemeldet wurde.

- Die zweite Befragungswelle fand zwei Monate später vom 09. bis 19. März mit Beginn der *Top-Corona-Zeit* statt, als die WHO am 12. März die Verbreitung des Corona-Virus zur Pandemie erklärte, Ausgangsbeschränkungen in Deutschland drohten und politische Gebote und Verbote eskalierten: Veranstaltungen und Versammlungen wurden untersagt, Schulen und Kitas, Kinos, Läden und Restaurants geschlossen. Bundeskanzlerin Angela Merkel stimmte die Bevölkerung am 18. März auf die „größte Herausforderung seit dem Zweiten Weltkrieg" ein und rief zu „Verzicht und Opfern" auf. *In dieser Krisenstimmung, als das öffentliche Leben in Deutschland stillgelegt wurde, fand die zweite Befragungswelle statt.*
- Die dritte Befragungswelle wurde vom 13. bis 19. Juli 2020 in Deutschland durchgeführt, als es spürbare Lockerungen für die Bevölkerung gab, die Reisewarnungen des Auswärtigen Amtes für die EU-Länder aufgehoben waren und die Deutschen wieder massenhaft ins Ausland reisen konnten. In dieser *Aufbruchsstimmung* wurde die Bevölkerung erneut nach ihren Lebenseinstellungen und Zukunftsperspektiven repräsentativ gefragt. Kontaktsperren, Versammlungs- und Reiseverbote waren aufgehoben und Gaststätten, Geschäfte und Einkaufscenter wieder geöffnet.

In allen drei Zeitphasen von Januar bis Juli 2020 herrschte überraschenderweise in der Bevölkerung eine *relativ große Gelassenheit*, wie die Umfragen des Opaschowski-Instituts für Zukunftsforschung (O.I.Z) zeigen. Dieses positive Stimmungsbild zwischen Zuversicht und Zufriedenheit wurde zeitgleich auch durch die Repräsentativumfrage der R+V Versicherung über die „Ängste der Deutschen" (R+V 2020) bestätigt: So wenig wie seit 30 Jahren nicht mehr bangten die Deutschen um ihren Job (24%) – zur Zeit der Finanzkrise war der Anteil *doppelt so hoch*

(48%). Auch der ARD-DeutschlandTrend bestätigte diesen Eindruck: Deutlich positiver als die allgemeine wirtschaftliche Lage in Deutschland betrachteten die Bundesbürger ihre *persönlichen wirtschaftlichen Lebensumstände*: 80 Prozent der Befragten beurteilten ihre wirtschaftliche Situation als „gut" bzw. „sehr gut" (ARD-DeutschlandTrend vom 4. Juni 2020).

Wie ist es zu erklären, dass die Deutschen ruhig und beruhigt waren und sind, also relativ angstfrei in die Zukunft blicken? Aus der internationalen Glücksforschung (vgl. Layard 2005) ist bekannt: Wenn *alle* Bürger von den Folgen einer Krise betroffen sind, gibt es keine Prestigewettkämpfe, weil alle mit sich selbst beschäftigt und weitgehend zufrieden sind. Subjektiv stellt sich mitten in der Krise ein *Zustand des Sich-wohl-Fühlens* ein, obwohl es den Menschen objektiv schlechter geht, sie sich aber im Vergleich zu anderen glücklich fühlen. Wenn also am Ende eines dunklen Tunnels Licht am Horizont zu sehen ist oder hoffnungsvolle Zeichen (z. B. „Kurzarbeitergeld", "Staatlicher Rettungsschirm", „Steuersenkung") zu erkennen sind, steigt die *positive Stimmung* auf breiter Ebene.

Dies erklärt den *Optimismus der Deutschen* – trotz oder gerade wegen der Pandemie. Je gleichmäßiger die Risiken im Land und in der Welt verteilt sind, desto glücklicher sind die Bürger. Ein Geheimnis wachsender Zufriedenheit in Krisenzeiten ist auch die relativ gerechte Einlösung eines sozialpolitischen Gemeinwohl-Versprechens: *Allen soll es nicht schlechter gehen!*

Es ist absehbar: *Corona hat uns und die Gesellschaft verändert.* Der schier unvorstellbare Shutdown hat nachhaltige Spuren hinterlassen. Es setzt ein Nachdenken über den „wahren Wohlstand" ein: Offensiv, positiv und proaktiv nehmen die Menschen die Herausforderungen der Zeit an. Hilfsbereitschaft ersetzt Hilflosigkeit. Und Zukunftshoffnungen siegen über Angst und Sorgen. „German Angst" ist Geschichte, „No future" auch.

„Wirklich, ich lebe in finsteren Zeiten." Bertolt Brecht hatte in seinem 1934 geschriebenen Gedicht „An die Nachgeborenen" das Lebensgefühl der Menschen in Krisenzeiten treffend beschrieben. Zugleich aber ahnte er voraus: *Die Menschen werden gestärkt aus der Krise hervor-*

gehen. Die nächste Generation der „Nachgeborenen" wird eine andere sein: Sie wird *mehr für andere da sein* und sich gegenseitig mehr helfen: „Wenn es so weit sein wird, dass *der Mensch dem Menschen ein Helfer ist ..."*

Kommt nach der Pandemie die Empathie? Die Corona-Krise setzte in Deutschland tatsächlich positive Energien und Widerstandskräfte frei. Die Bürger bewiesen Mut und Stärke für Gemeinsamkeiten in Familie, Nachbarschaft und Freundeskreis. Ihre Erfahrung des Aufeinander-angewiesen-Seins machte sie sozial sensibler und politisch selbstbewusster – von Familienkontakten über Freundschaftspflege und Nachbarschaftshilfen bis zu Bürgerinitiativen und sozialen Engagements. Die Krise erwies sich auch als Chance für eine neue Generationensolidarität.

Das neue Leben auf dem Weg in die Post-Corona-Zeit wird *keine Reise ins Ungewisse* sein. Die Deutschen erobern langsam ihr Leben und ihre Zukunft zurück: Sie bauen sich „ihr" Haus der Zukunft neu. Alles, was sie für ein gutes Leben brauchen, findet sich in diesem Zukunftshaus wieder: *Gesundheit, Geld und soziale Geborgenheit*. Die stabilen Bausteine für die Nach-Corona-Ära sind die „3V": *Vertrauen. Verantwortung. Verlässlichkeit.* Um persönliche Krisenerfahrungen reicher sehen die Bundesbürger mit Zuversicht in ihre Zukunft. Sie leben in einer semiglücklichen Gesellschaft und stellen dabei die Fragen nach ihrem persönlichen Wohlergehen neu:

- Wie viel Geld und Güter braucht der Mensch zum Glücklichsein?
- Was macht ein Mensch ohne Familie?
- Wird Gesundheit unsere neue Zukunftsreligion?

Horst Opaschowski

I. Am Horizont ist Licht in Sicht! Die Menschen machen das Beste aus ihrem Leben

1. Ohne Gesundheit geht gar nichts. Wohlstand fängt mit dem Wohlergehen an

Es gab einmal vor über 3.000 Jahren ein kleinasiatisches Reich namens Lydien. Und dieses Land wurde damals von einer großen *Hungersnot* heimgesucht. Eine Zeitlang ertrug das Volk die Härten, ohne zu klagen. Als sich aber keine Besserung der Lage abzeichnete, dachten die Lydier in ihrer Not über einen Aus-Weg nach. Sie entwickelten einen – würden wir heute sagen – geradezu *mentalen Plan*: Er bestand nämlich darin, wie Herodot in seinen „Persischen Kriegen" (1. Buch/Kap. 54) berichtete, sich jeweils einen Tag so vollständig Spielen zu widmen, dass dabei kein Hunger aufkommen konnte, um dann am anderen Tage jeweils zu essen und sich der Spiele zu enthalten. Auf diese Weise verbrachten sie 18 Jahre (Csickszentmihalyi 1991, S. 11). Und in dieser Zeit erfanden sie den Würfel, den Ball und viele Spiele, die wir heute kennen ...

Dieser Bericht von Herodot mag historisch wahr oder erfunden sein, er weist zumindest auf eine interessante Parallele zur Corona-Krise 2020 hin: In Not- und Krisenzeiten können Menschen mental und sozial so *kreativ und erfinderisch* sein, dass sie darüber ihre Ängste, Sorgen und Probleme vorübergehend vergessen und *aus der Not eine Tugend* machen. Dabei fühlen sie sich „ganz gut", weil es anderen auch nicht besser geht. Sie definieren sich subjektiv als *wohl und gesund*, obwohl sie objektiv keinen Grund dazu haben. Jenseits der Schreckensnachrichten in aller Welt konzentrieren sie sich auf ihr *persönliches Wohlergehen*. Sie machen sich fast beschwerdefrei und coachen sich mental. Alles zielt auf Wohlbefinden. Das Ergebnis während der Corona-Krise: Die Menschen konnten sich auch über die *kleinen Dinge des Alltagslebens* freuen – trotz oder gerade wegen der Shutdown-Situationen: Brettspiele, Basteln und

Nähen, Gartenarbeit, Reparaturen und do it yourself, Joggen, Fitness und Fahrradfahren. Selbermachen und gemeinsam etwas tun stand hoch im Kurs. Der *Kampf gegen den Zeitbrei* war angesagt. Abwechslung tat gut, Aktivität auch.

Nach der weitgefassten Definition der Weltgesundheitsorganisation (WHO) ist Gesundheit ein Zustand vollkommenen körperlichen, geistigen und sozialen Wohlbefindens und nicht allein das Fehlen von Krankheit und Gebrechen. Doch was ist letztlich gesund und was ist krank? Diese Fragen werden in Zukunft vor dem Hintergrund eines langen Lebens immer schwerer zu beantworten sein. Deshalb bekommt das *Gesundheitssystem eine fundamentale Bedeutung*. Diese ergibt sich zentral aus der Beantwortung der Frage, was wohl tut und wichtig für das persönliche Wohlergehen ist. Erst danach stellt sich die Frage nach der Finanzierbarkeit. Neben der Gestaltung gesunder Lebens- und Arbeitsbedingungen kommen der Prävention und Gesundheitsförderung eine vorrangige Bedeutung zu. Sogenannte primärpräventive Maßnahmen, die gesundheitsförderlich sind und Erkrankungswahrscheinlichkeiten senken helfen, rücken stärker in den Blickpunkt.

Die Krise und ihre Folgen auf den Punkt gebracht: Ohne Gesundheit ist fast alles nichts wert. Jeder und jede muss mehr für das eigene Wohlbefinden tun, also körperlich und seelisch, geistig und sozial fit bleiben, um im Leben nicht allein zu sein oder sich im Alter als fünfte Generation wie das fünfte Rad am Wagen zu fühlen. Positive Gesundheitstrends werden immer wichtiger. Wir können mit einem langen – und über lange Jahre in Gesundheit verbrachten – Leben rechnen, wenn wir selbst etwas dafür tun. Ein seit den 70er Jahren zu beobachtender Zukunftstrend setzt sich weiter fort: *Die Gesundheit verbessert sich.* Der Anteil der Bevölkerung, der seinen Gesundheitszustand als „sehr gut" bezeichnet, nimmt überraschend stetig zu.

Das hat Folgen für Wirtschaft und Gesellschaft. Die Gesundheit wird zum Megamarkt der Zukunft. Es boomen Bio- und Gentechnologien, Pharmaforschung und Forschungsindustrien gegen Krebs, Alzheimer und Epidemien sowie gesundheitsnahe Branchen, die Care, Vitalität und Revitalisierung anbieten. Der Megamarkt Gesundheit einschließlich Pflege, Reha und Gesundheitssport wird in den nächsten Jahren zum Wachstumsmotor Nr. 1: größer als die Automobilindustrie und vor allem personalintensiver. Rund sieben Millionen Beschäftigte zählt die Gesundheitsbranche. Die Pandemie beschleunigte diesen Expansionsprozess.

> *„Ohne Gesundheit ist fast alles nichts wert. Deshalb achte ich im Berufs- und Privatleben darauf, gesund und fit zu sein."*
> (O.I.Z 2020: 90%)

Noch im November 2017 hielten knapp drei Viertel der deutschen Bevölkerung (73%) die Gesundheit für einen besonders hohen Wert. Doch auf dem Höhepunkt der Corona-Krise im Frühjahr 2020 schnellte der Wert plötzlich nach oben. Mit 94 Prozent Zustimmung wurde jetzt die *Gesundheit als das höchste Gut im Leben* eingeschätzt. Eine Werteexplosion! Weder Wachstum und Wohlstand noch Geld und Güter oder Medien und Konsum erreichen diesen Spitzenwert. Das Votum der Bevölkerung ist klar und eindeutig: *Ohne Gesundheit geht gar nichts.*

Glück im Leben fängt mit der Gesundheit an. Das gesundheitliche Befinden der Menschen ist entscheidend für ihre Lebenszufriedenheit und ihre Teilhabe am gesellschaftlichen Leben. Der Gesundheitszustand der Bevölkerung lässt auch Rückschlüsse auf die Wirtschaftskraft des Landes zu. 90 Prozent der deutschen Bevölkerung achten seit der Krise im Berufs- und Privatleben darauf, *„gesund und fit zu bleiben"*. Das eint die Deutschen – quer durch alle Sozial- und Altersgruppen, die Singles (91%) wie die Familien (91%) und die Ruheständler (90%).

Corona hat die Einstellung der Menschen grundlegend und nachhaltig verändert. Die Gesundheitsorientierung des Lebens löst die bisher dominante Konsumhaltung ab. *Gesünder leben können* – das wird das wichtigste Lebensziel und „die" Herausforderung für die Gesellschaft und die Zukunftsmedizin. Hilft hier die *Digitalisierung der Gesundheit* weiter? Stellt sich die Frage ‚Was ist ein gesunder Mensch' neu? Wird die digitale Medizin das *Gesundheitsverständnis* neu erfinden und bewerten? Silicon Valley hat längst die Medizin entdeckt. Amazon-Gründer Jeff Bezos verbreitet die Vision: Stell dir eine Zukunft vor, in der du alterst – aber ohne die Krankheiten deiner Eltern. Eine Zukunft, in der Krankheit und Altern vermeintlich nicht schmerzen (vgl. Schulz 2018).

Gesundheit wird zum neuen Statussymbol und verdrängt die dominante Konsumhaltung im Leben. Infolgedessen wird der Systemcharakter des Gesundheitswesens immer bedeutsamer. Das Gesundheitsministerium wird so wichtig wie das Wirtschaftsministerium, *die Charité so wichtig wie VW*. Die Entdeckung des Megamarkts Gesundheit hat gerade erst begonnen. Pfleger und Ärzte werden als *Helden des Alltags* gefeiert. Sie können in Zukunft die neuen Heiligen in Deutschland sein, weil die Gesundheit beinahe Religionscharakter bekommt? Und immer öfter wird die Frage gestellt: *Was sind wirklich wertvolle Berufe?*

Nach wie vor sind Lebensgewohnheiten – und nicht Medizin und Medikamente – die wichtigsten Bestimmungsfaktoren für Gesundheit. Die Gesundheit lässt sich etwa zur Hälfte durch Veränderungen von Lebensstil und Lebensgewohnheiten beeinflussen. Hinzu kommen Umwelteinflüsse, humanbiologische Faktoren, Gesundheitssystem und die medizinische Versorgung (vgl. Hauser 1983). Das Wohlfühlen in der eigenen Haut wird zur lebenslangen Aufgabe. Andernfalls bewahrheitet sich ein Wort des französischen Philosophen Voltaire: „In der ersten Hälfte unseres Lebens opfern wir die Gesundheit, um Geld zu erwerben; in der zweiten Hälfte opfern wir unser Geld, um die Gesundheit wiederzuerlangen." *Die Gesundheitsversorgung wird so wichtig wie die finanzielle Sicherheit.* „Gut leben" heißt aber auch, sich eine gute medizinische Versorgung leisten können. Die Corona-Krise hat nach Meinung der Bevölkerung (89%) gezeigt, wie „wichtig und *systemrelevant* eine gute medizinische Versorgung und eine forschungsstarke *Pharmaindustrie* im eigenen Land sind". Subjektiv gesehen wird die Charité so wichtig wie VW.

Der schier unaufhaltsame Aufstieg der Gesundheitsorientierung des Lebens verändert unsere Lebensprioritäten. Die Frage ist berechtigt: Steht uns fast eine „religiöse Karriere der Gesundheit" (Lütz 2012) bevor? Werden wir bald gesundheitsfromm die Halbgötter in Weiß, die Heil und Heilung versprechen, geradezu anbeten? *Wird Gesundheit zum Synonym für Glückseligkeit und gutes Leben?* Die Achtung, ja die Hochachtung vor der eigenen Gesundheit wird immer bedeutsamer. Gesundheit bedeutet dabei aber mehr als körperliche Fitness: Es geht im wahrsten Sinn des Wortes um das *Wohlfühlen in der eigenen Haut.*

2. Die Zuversicht wächst – trotz Krise. Vor allem Familien mit Kindern blicken optimistisch in die Zukunft

Es war einmal ein deutsches Sommermärchen – zur Zeit der Fußball-WM im Jahr 2006. Die positive Stimmung während der Spiele hatte unser Land verzaubert. Die Nationalmannschaft wurde als „Weltmeister der Herzen" auf der Berliner Fan-Meile von einer halben Million Fans gefeiert. Und auch international fanden Deutschland und seine Menschen hohe Anerkennung für die Leichtigkeit, Fröhlichkeit und Freundlichkeit, die das Land weltweit für über dreißig Milliarden TV-Zuschauer ausstrahlte. *„War"* das einmal? Hat sich Deutschland seither grundlegend verändert? Weicht mittlerweile die Leichtigkeit der Spiele einer bleiernen Pandemie-Angst mit resignativen Zügen? Wartet ein Leben in Moll auf uns? Oder sind die Deutschen *für Zukunftsängste empfänglicher als andere?* Derzeit spricht alles dafür, dass die Deutschen eher die Lebenskunst beherrschen, auch und gerade inmitten schwieriger Zeiten die eigene Lebenszufriedenheit zu bewahren und gleichzeitig die Hoffnung auf bessere Zeiten nicht zu verlieren. *Gut leben im Krisenmodus*: Das beschreibt eher eine *neue Form deutscher Gelassenheit* (und nicht eine neue deutsche Ängstlichkeit). Die Deutschen wollen einfach *ihr Leben leben.*

Muss man deshalb als Optimist oder als Däne geboren sein? Nach dem „World Happiness Report" der Vereinten Nationen sind *die Dänen* unter 160 untersuchten Staaten *die glücklichsten Menschen der Welt.* Als wichtigsten Grund führt das von den UN beauftragte Earth Institute der New Yorker Columbus Universität neben der hohen Lebenserwartung die geistige Gesundheit bzw. mentale Fitness auf der Basis einer *positivoptimistischen Selbstwahrnehmung* an. Die Dänen gelten als besonders bescheiden, weil sie sich auch über die kleinen Dinge des Lebens freuen können. Fragt man einen Dänen: „Bist du ein Optimist?" Dann antwortet er: *„Ich hoffe es."* Mit der Hoffnung wächst die Lebensbejahung als Voraussetzung für ein glückliches Leben.

Für das positive Denken haben die Dänen kein Monopol. Zuversichtlich in die eigene Zukunft schauen gehört seit jeher zum Menschen wie der aufrechte Gang. Ohne positives Denken, ohne Hoffnungen und Träume kann der Mensch – das einzige Wesen, das die Unausweichlichkeit seines Verfalls und Todes kennt – nicht leben, ohne von dem Gedanken daran erdrückt zu werden. Mit der Entwicklungsgeschichte der Menschheit ist von Anfang an das Wunschdenken, der *Glaube an ein besseres Leben,* auch und gerade in krisenhaften Zeiten verbunden. Wenn das Leben in Gefahr ist oder die Lebensqualität spürbar schlechter wird, setzt der menschliche *Wille zum Leben* ein: Der Kampf ums Überleben, der Abschluss einer Lebensversicherung, die Teilnahme am Glücksspiel, die Begeisterung für eine neue Idee oder Religion, die Hoffnung auf persönliches Wohlergehen, Gesundheit, die Zuversicht, das gute Gefühl und der positive Glaube daran, dass es besser wird.

Die Repräsentativerhebungen von O.I.Z *„vor", „während"* und *„nach"* der Corona-Krise weisen nach: Wir leben nicht in einem Land, in dem *„Angst und Pessimismus"* (Wolfrum 2020, S. 233) vorherrschen und die Zukunft ziemlich düster und finster erscheint. Und auch die Aussagen einer Reihe von Angstpsychologen „In Krisenzeiten neigen wir dazu, pessimistisch zu denken" (Endres u. a. 2020, S. 44) treffen in der Corona-Krise nicht zu. Ganz im Gegenteil: In der persönlichen Einschätzung der Bevölkerung ist 2020 repräsentativ nachweisbar: *In Zeiten von Corona neigten und neigen die Deutschen dazu, optimistisch zu sein.* Diese Zuversicht schützte, motivierte und machte Mut, obwohl Psychologie, Biologie und Pathologie der Angst negatives Denken apokalyptischen Ausmaßes geradezu nahelegten und prognostizierten. Für die Deutschen ist die Zuversicht nicht am Ende und geht das Vertrauen in die Zukunft nicht verloren. Eher gilt: Am Horizont ist Licht in Sicht!

Die überwiegende Mehrheit der Bevölkerung verhält sich weitgehend krisenresistent und gibt ihre Hoffnung auf eine bessere Zukunft nicht auf. „Trotz weltweiter Umwelt-, Wirtschafts- und Gesellschaftskrisen blicke ich optimistisch in die Zukunft" sagt die überwiegende Mehrheit der Bevölkerung: Tendenz während der Krise sogar steigend

(Januar 2020: 79% – März 2020: 84% – Juli: 84%). *Die Zuversicht wächst – trotz Krise.* Bei den Bundesbürgern überwiegt nach eigener Einschätzung die positive Einstellung zum Leben. Krisen machen stark und zuversichtlich.

> ***„Bei mir überwiegt die positive Einstellung zum Leben.***
> ***Trotz weltweiter Umwelt-, Wirtschafts- und***
> ***Gesellschaftskrisen blicke ich optimistisch in die Zukunft."***
> (O.I.Z Januar 2020: 79% – März 2020: 84% – Juli 2020: 84%)

Besonders glücklich kann sich schätzen, wer sich in solchen Krisenzeiten auf eine Familie stützen und verlassen kann. Es gibt keine andere Bevölkerungsgruppe in Deutschland, die so optimistisch in die Zukunft blickt wie die Familien mit Kindern (88%). Ihr Zukunftsoptimismus scheint kaum mehr steigerbar zu sein. Auch die mittlere Generation der 35- bis 54-Jährigen, die in der Rushhour ihres familiären und beruflichen Lebens steht, beweist Verantwortung für die nachwachsende junge Generation und hält ebenfalls weiterhin an ihrer positiven Zukunftsperspektive (84%) fest.

Die repräsentativen Umfrageergebnisse von O.I.Z weisen nach: Mitte Januar 2020 – VOR dem ersten Corona-Fall am 27. Januar in Deutschland – waren über drei Viertel der Bundesbürger positiv gestimmt. Verständlich auf den ersten Blick: China war schließlich *„weit weg"* – und Deutschland (noch) nicht betroffen. Zwei Monate später – mitten in der Corona-Krise – wurde die Umfrage im Zeitraum vom 9. bis 19. März wiederholt. Die Überraschung: Statt Zweifel, Resignation oder Pessimismus herrschte *wachsende Zuversicht* vor. Die positive Einstellung zum Leben und zur Zukunft nahm weiter zu: Von 79 auf 84 Prozent und bei den jungen Familien mit Kindern sogar von 89 auf 95 Prozent. Im gleichen Zeitraum sank der *Zufriedenheitsgrad der Singles* geradezu erdrutschartig von 78 auf 68 Prozent. In Not- und Krisenzeiten ziehen sich die Menschen seit jeher in ihre *„Burg"* zurück, an den *„Ankerplatz"* und in den *„sicheren Hafen"* der Familie.

Die Frage stellt sich schon in dauerhaften Krisenzeiten: *Was macht ein Mensch ohne Familie* – ob alt oder jung? Das Single-Dasein hat immer zwei Gesichter. Die einen leben allein, weil sie es wollen, die anderen, weil sie es müssen – auch ein Grund, warum *Einsamkeit* in Zukunft ein Regierungsthema werden kann. Großbritannien hat bereits ein eigenes Einsamkeitsministerium eingerichtet.

Für die überwiegende Mehrheit der deutschen Bevölkerung aber gilt: Ein Großteil der Bevölkerung will sich trotz Krise seine Freude am Leben nicht nehmen lassen (jeweils 84 Prozent im März und Juli 2020). Er setzt darauf, dass in naher Zukunft alles wieder gut wird. Die „German Angst" ist von gestern. Und das positive Lebensgefühl siegt über eine vermeintlich „deutsche Depression". Die Politik setzt noch zu wenig auf diese Positiv-Potentiale der Bürger, insbesondere der Jugend. Die Krise kann doch zur Chance werden, wenn die Politik mehr darauf vertraut, dass die Bürger in der Lage sind, ihr Leben selbst zu meistern und an der Schaffung einer besseren Gesellschaft aktiv mitzuwirken. Mit dem positiven Denken ist immer auch ein Gefühl der Hoffnung verbunden, das Problemlösungen erleichtert.

In ein Bild gebracht: Im biblisch-lutherischen Sinne noch am Vorabend des Weltuntergangs einen Baum pflanzen ist bildhafter Ausdruck eines positiven Impulses im Menschen. Selbst hochaltrige Menschen haben Zukunftserwartungen, die sie als erwünscht, vorteilhaft oder genussvoll empfinden. Solange sie sich eine gute Zukunft ausmalen können, solange ist ihr Lebenswille ungebrochen. *Ein positives Lebensgefühl erweist sich also als die beste Lebensversicherung.* Die ‚positive Brille' ist die wirksamste Medizin zur Lebensverlängerung. Eine solche Einstellung zum Leben geht erfahrungsgemäß mit größerer Selbstsicherheit einher. Entsprechend gering ist die Anfälligkeit für Depressionen (Lehr 1982, S. 241ff.). Selbst mit schwierigen oder unangenehmen Situationen haben positiv Gestimmte weniger Probleme. Sie beherrschen Lebenstechniken, die eine aktive Auseinandersetzung mit Problemsituationen (z. B. Partnerverlust, Pensionierung, Ausbruch einer Krankheit) begünstigen.

Meist handelt es sich um Personen, die von Kindheit an ein positives Selbsterleben haben oder in einer solchen Atmosphäre aufgewachsen sind. Elternhaus, Erziehung und Bildung beeinflussen die positive Einstellung zum Leben am stärksten. Sie sind die beste Vorbereitung auf das Alter. *Vorbereitungsseminare können die lebenslange Prägung durch die eigene Biographie kaum mehr ausgleichen.* Aus den Biographien von über hundertjährigen Menschen geht beispielsweise eine durchgehend positive und humorvolle Einstellung zum Leben hervor. Die Vergnügtheit und Fröhlichkeit dieser Menschen ließ sie sehr alt werden – und das Altwerden machte sie offenbar lustig (Vester 1978, S. 322). Lachen als Lebensprinzip baut Konfliktstress ab und steigert die Lebensfreude. Eine lebensbejahende Einstellung zum Leben ist ein Garant für Lebensqualität und Lebenszufriedenheit bis ins hohe Lebensalter (Havighorst 1961, S. 4ff.). Das Selbstwertgefühl bleibt dadurch erhalten. Sich auf ein gutes, gesundes und langes Leben vorbereiten, kann daher nur heißen: Frühzeitig eigene *Positiv-Potentiale entdecken.* Das Ja zum Leben, auch zum Leben nach der Arbeit, ist erlernbar. Es macht jeden Lebensabschnitt zu einer Reise, an deren Ende ein neuer Anfang steht.

Aber kann es nicht schon bald heißen: *Neue Normalität = Eingeschränkte Normalität?* Gewöhnen wir uns an Maskenpflicht und Sicherheitsabstand, an Ausgangsbeschränkung und Ausnahmezustand? Schlägt der Optimismus dann um in gemischte Gefühle, wenn gar eine zweite Welle der Pandemie droht? Nein, alle Anzeichen sprechen für einen *Optimismus als erster Bürgerpflicht.* Optimismus in Krisenzeiten heißt doch nichts anderes als: Sich selbst und anderen *Mut machen und Hoffnung geben.* Selbst neuartige Zeitgeist-Magazine können nicht mehr auf die motivierende Kraft des Optimismus verzichten: „Die Zukunft ist da. Und wir tun alles, sie zur besten für alle zu machen" (ada-Anzeige im Juni 2020) – ganz in der optimistischen Tradition des Philosophen Gottfried Wilhelm Leibniz im 17. und 18. Jahrhundert, wonach wir „in der besten aller Welten" leben.

Der *neue Zukunftsoptimismus der Deutschen* setzt Erfahrungswerte und bisher gültige Naturgesetze der Psychologie fast außer Kraft: In Not- und Krisenzeiten sind Menschen, so hieß es bisher, eher pessimistisch gestimmt. Ängste und Sorgen dominieren – vor allem, wenn es das persönliche Umfeld betrifft. Bei weltweiten Krisen hingegen trifft das genaue Gegenteil zu: Die Bevölkerung blickt positiv in ihre eigene

Zukunft. Der soziale Kontakt im Familien- und Freundeskreis trägt wesentlich dazu bei. Bestätigt werden Erkenntnisse der internationalen Sozialforschung, wonach z. B. Problem- und Risikogruppen mit schweren Krankheiten oder Obdachlose, die auf der Straße leben, *sich gut fühlen*, sobald sie *mit ihren Freunden oder ihrer Familie* zusammen sind. Auf diese Weise können sie ihrer negativen Lebenssituation *etwas Positives abgewinnen*.

Wer so denkt, unterdrückt nicht negative Gedanken, nur „um den Optimismus gegenüber sich selbst und der Welt zu beweisen" (Illouz 2019, S. 199). Wichtiger ist das *Gefühl der Hoffnung*, das wir zum Leben und Überleben brauchen. So zeichnet sich derzeit eine Art verhaltener, *gebremster Optimismus* in Deutschland ab. Die persönliche Einstellung dominiert: „Ich bin vorsichtig optimistisch!" Diese Haltung schließt selbst- und gesellschaftskritische Analysen nicht aus, hilft aber, sich proaktiv mit der Zukunftsentwicklung auseinanderzusetzen.

II. Darauf können wir bauen! Die stabile Wagenburg in unsicheren Zeiten

1. Die Familie wird wichtigster Lebensinhalt. Das Zuhausesein im Vertrauten zählt

Es gab einmal – einen frühen Wintereinbruch, von dem 1846 ein Siedler-Treck mit Planwagen in der Sierra Nevada überrascht worden war. „*Voller Optimismus*", so erzählte der Publizist Frank Schirrmacher 2006 in seinem Buch „Minimum", hatten sich die Siedler auf den Weg gemacht. Plötzlich aber steckten sie hilflos mitten im Schneesturm. Sie waren *ganz auf sich selbst gestellt und aufeinander angewiesen.* Die Folge: Von den Einzelreisenden kamen am Donner-Pass fast alle um – nur die Familien nicht. Großeltern, Eltern, Kinder und Enkel überlebten trotz Kälte und Hunger in ihrer *schützenden Wagenburg.* Als Lebens- und Schicksalsgemeinschaft rückten sie eng zusammen. Ihr Vertrauen, ihre Verlässlichkeit und ihr Beziehungsreichtum retteten sie.

Dieses historische Beispiel zeigt: Je enger Menschen miteinander verwandt sind, desto mehr helfen sie sich in unsicheren Zeiten oder gar in extremen Notfällen. In Zeiten von „Social Distancing" hat die Corona-Krise Defizite des Lebens aufgedeckt. Alleinlebende haben eine *neue Form von Kriseneinsamkeit* zu spüren bekommen. Fremde Welten rückten mit Hilfe von Internet und Massenmedien ganz nah, ließen aber menschliche Nähe und Wärme vermissen. Wer keine Familie hatte, fühlte sich sozial isoliert, ausgegrenzt und alleingelassen. Die Folge war eine Art *soziale Unterernährung*, ein stummes Leiden in der Vereinsamung.

In den zurückliegenden Finanz-, Umwelt- und Gesellschaftskrisen haben die Menschen die Erfahrung gemacht: *Vertrauen kann man nur noch sich selbst – und der Familie.* Die Familie ist zum Synonym für Vertrauen geworden: Ganz im ursprünglichen Sinne des englischen Wortes „familiar", das im Deutschen „vertraut" heißt. In ein Bild gebracht:

Familienleben ist Zuhausesein im Vertrauten. Die *Familie überlebt offensichtlich alle Krisen und Zeitgeistströmungen*. Die Familie ist die beste *Lebensversicherung*: Sie „fühlt" sich einfach gut an und hat etwas Unantastbares, das unter keinen Umständen angegriffen werden darf.

> *„Was auch immer auf uns zukommt:*
> *Für mich ist und bleibt die Familie das*
> *Wichtigste im Leben"*
> (O.I.Z 2020: 87%)

Vertraut und verlässlich in jeder Lebenssituation: Das ist die Familie. Diese positive Einschätzung der Bevölkerung scheint kaum mehr steigerbar zu sein. 87 Prozent der Bundesbürger „schwören" geradezu auf die Familie mit den Worten: „Was auch immer auf uns zukommt. Für mich ist und bleibt die Familie das Wichtigste im Leben." Auch die junge Generation der 14- bis 34-Jährigen stimmt mit 81 Prozent Zustimmung auf das Hohelied der Familie ein. Lediglich zwischen den Geschlechtern deuten sich Meinungsunterschiede an: Im Vergleich zu den Frauen (93%) ist die Begeisterung für die Familie bei den Männern (87%) etwas gemäßigter, bleibt aber auch bei ihnen das Wichtigste im Leben. Singles äußern sich jedoch deutlich zurückhaltender (76%) im Vergleich etwa zu Familien mit Jugendlichen im Haushalt (97%), deren Einschätzung kaum noch zu steigern ist. Und Singles müssen – zumindest übergangsweise – ihr Lebenskonzept erst einmal verteidigen, wenn oder weil sie keine eigene Familie haben.

Die Familie ist das, was Menschen und Gesellschaft im Innersten *zusammenhält und zusammenschmiedet*. Selbst ein starker Einzelkämpfer kann sich in vielen Krisen und Notsituationen allein nicht mehr helfen. Die Frage „Wer hilft mir?" oder „Wer rettet mich?" stellt sich nicht – *solange es Familien gibt*. Familien sind der größte Reichtum eines Landes. Und: Immer dann, wenn es in der Gesellschaft kriselt oder die eigene Existenz gefährdet ist, besinnen sich die Menschen auf das, was ihnen *Grundgeborgenheit im Leben* gewährt: Das Zusammensein als Lebensqualität – vor allem dann, wenn Arbeit, Einkommen und Wohlergehen nicht mehr sicher sind. In vielen Krisen der letzten Jahrzehnte haben die Menschen die Erfahrung gemacht: Am sichersten ist es, sich selbst – und der Familie zu vertrauen. Die Familie überlebt alle Krisen. In der Familie „fühlt" man sich sicher: Sie ist die beste Lebensversicherung und im positiven Sinne *billig und barmherzig*.

Die Familie ist kein Auslaufmodell des 20. Jahrhunderts mehr. In unsicheren Zeiten verstärkt sich die Suche nach Halt, Heim und Heimat. Die Familie – in welcher Lebensform auch immer – garantiert Ansehen und soziale Sicherheit, was kein Prestigeberuf und auch kein Sozialstaat bieten können. Zugleich verändert sich das Familienverständnis: Dabei geht es nicht nur um eigene Kinder. In Skandinavien wird beispielsweise immer öfter erst dann geheiratet, wenn die Kinder aus dem Haus sind – als Zeichen dafür, dass man *im Alter füreinander Verantwortung übernehmen* will. Dafür spricht auch, dass die Familie mittlerweile der wichtigste Pflegedienst in Deutschland ist. Nach der subjektiven Einschätzung der Bundesbürger stellt die Familie derzeit den wichtigsten Wohlfühl- und Wohlstandsfaktor im Leben dar. Wer gute Kontakte zur eigenen Familie hat und pflegt, fühlt sich *wohlhabender als der, der „nur" über Eigentum verfügt*. Soziales Wohlergehen in der Familie kann materielle Wohlstandsdefizite abfedern und ausgleichen helfen. Vertraut und verlässlich in jeder Lebenssituation: Das ist die Familie im 21. Jahrhundert.

Erinnern wir uns: Auf dem Höhepunkt der Jugendarbeitslosigkeit in den 1970er Jahren agierte die Familie bereits erfolgreich als Flucht- und Rückzugsort sowie Not- und Solidargemeinschaft. Seither hat sich der Familienbegriff grundlegend gewandelt. Die Familie ist keine bloße Haushaltsgemeinschaft von „Eltern mit Kindern" mehr. Sie wird eher als verlässliche *Lebensgemeinschaft mit starken Bindungen* verstanden, in der Menschen verantwortlich füreinander sorgen. Ehe und Familie sind jetzt „für alle" möglich, auch als Wahlfamilie durch Nachbarschaft oder Hausgemeinschaften in einem Mehrgeschosshaus, in dem Enkel-, Kinder- und Familienlose als „Wahlverwandtschaft" aufgenommen, ja fast adoptiert werden. Viele Kinder wachsen in *Patchwork-Familien* auf. Patchwork-Familien sind um keinen Deut schlechter oder besser, aber zeitökonomisch und kommunikativ mehr gefordert. Manche Patchwork-

Familie gleicht einem Unternehmen: Da sind massive Managementfähigkeiten gefragt, um der Stress-Rallye im Alltag und an Wochenenden zu entgehen. Spannungen zwischen Zeit und Zuwendung, Eigeninteressen und der Suche nach Gemeinsamkeiten müssen ausgehalten werden. Das Leben in Patchwork-Familien ist wesentlich unruhiger, aber auch weniger langweilig.

Seien wir ehrlich: Von erfülltem Familienleben konnten viele bisher nur träumen. Charles Handy, ein erfolgreicher britischer Wirtschaftsexperte, bekam einmal von seiner Tochter attestiert: „Bis ich zehn war, dachte ich, du wärst der Mann, der sonntags zum Lunch kommt" (Handy 1998, S. 16). Bis dahin hatte der Manager sein ganzes Leben in *Erfolg, Geld und Familie* – in genau dieser Reihenfolge – gesetzt. Die Aussage seiner Tochter verwirrte ihn und ließ ihn an sich selbst zweifeln. Fortan dachte er mehr über einen rücksichtsvollen Egoismus nach, der auch ein Leben mit anderen und für andere ermöglichte. Dennoch bleibt die klassische Konstellation „Mann, Frau, Kind(er)" für viele immer noch das Ideal der Familie. Die Ehe, die verbindliche Form der Zweisamkeit, gilt auch für die Mehrheit der jungen Menschen (56%) im Alter von 20 bis 34 Jahren als attraktives Lebensmodell. Dafür spricht, dass die *Anzahl geschiedener Ehen sinkt* und die Ehen in Deutschland *immer länger halten*. Die „Generation beziehungsunfähig" ist weitgehend eine Legende.

Trotz der Vielfalt möglicher Lebensmodelle – von kinderlosen Paaren und Patchwork-Familien, gleichgeschlechtlichen Partnerschaften und Ehen bis hin zu Freundeskreisen als zweiter Familie – bleibt nach wie vor für die Mehrheit der Bevölkerung die *„Ehe mit Trauschein und Kindern"* die erstrebenswerteste Lebensform (Frauen: 69% – Männer: 65%) – immer unter der Voraussetzung, dass man sich Kinder auch leisten kann und will. Erfahrungsgemäß kosten zwei Kinder so viel wie eine Eigentumswohnung. Beide Partner sind auf Geld angewiesen, um eine Familiengründung wagen zu können.

Für die Familien von morgen bedeutet dies: Wenn sich die Babyboomer um 2030 vom Erwerbsleben verabschieden, ist weitgehend Vollbeschäftigung angesagt. Die Wirtschaft wird verzweifelt nach Fach- und Führungskräften suchen. Spätestens dann kommt es zu einem Paradigmenwechsel in der Einstellung zum Berufsleben: Aus dem Alleinverdiener-Leitbild wird das Doppelverdiener-Ideal. Beide Partner müssen und wollen berufstätig sein – unter der Bedingung, dass eine Ganztagesbetreuung der Kinder gewährleistet ist. Kaum eine Frau wird in Zukunft noch allein mit den Kindern auf Dauer zu Hause bleiben wollen.

Die Frage stellt sich schon: Werden dann mehr oder weniger Kinder geboren? Derzeit zeichnet sich ab, dass insbesondere *Akademikerfrauen wieder mehr Kinder* bekommen. Wegen des Arbeitskräftemangels werden Unternehmen Frauen mehr Flexibilität einräumen und ihnen Beschäftigungsgarantien in Aussicht stellen müssen. Auch ohne staatliche Frauenquote wird um 2030 mindestens jeder dritte Spitzenjob mit einer Frau besetzt sein. Das wird nicht ganz konfliktfrei verlaufen, denn die Luft für männliche Karrieren wird damit dünner. Statuskämpfe nach oben und nach unten werden zum Alltag in der Partnerschaft gehören. Die Rollenverteilung – wer ist Versorger, wer Zuverdiener – muss neu definiert werden. Kommt also ein „zweiter" demographischer Wandel? Gehen Deutschland bald nicht mehr die Kinder aus? Steht Deutschland eine neue Lust auf Familie bevor? Unbestritten ist: Die *Familie* – in welcher Lebensform auch immer – garantiert *Ansehen, Sicherheit und Geborgenheit*, die kein Prestigeberuf und auch kein Sozialstaat bieten können. Selbst dann, wenn die Ehe scheitert, tritt jeder zweite Geschiedene wieder vor den Traualtar, um *Sicherheit* zu haben – emotional, sozial und materiell.

Noch 2007 forderte Jutta Allmendinger, die Präsidentin des Wissenschaftszentrums Berlin für Sozialforschung, die Politik auf, sie müsse sich zunehmend am *„Normalfall Alleinerziehende"* ausrichten. Ihre Begründung: Für junge Frauen stünden Partnerschaft „nicht mehr hoch im Kurs". Sie empfänden Männer „nur als Klotz am Bein", wollten in erster Linie Geld verdienen und „vielleicht auch mal Kinder haben". Männer spielten in diesem Lebensplan jedenfalls „nur eine Nebenrolle" (Allmendinger 2007). Das sind *Lebenskonzepte von gestern*, die sich längst überlebt haben. Schließlich hatte die bundesweit repräsentative 15. Shell Jugendstudie bereits 2006 den Nachweis erbracht, dass auch und gerade bei den Mädchen und jungen Frauen „die traditionelle Form des menschlichen Zusammenlebens", nämlich die *Familie*, für das *persönliche Glück im Leben immer wichtiger* werde. Die Familie sei wieder

„eine unverrückbare Größe" in den Lebensvorstellungen der jungen Generation – und das über alle sozialen Gruppen hinweg. Man müsse jetzt und in der nächsten Zukunft keine „Sorge vor dem Verfall" der Familie mehr haben. Die Familie sei wieder *„ein sicherer sozialer Heimathafen"* (Shell 2006).

Insofern deutet sich eine *Renaissance der Familie* an. Die Familie ist den Deutschen wieder heilig – wie eine kirchliche Glaubensgemeinschaft. Das zeitgemäße apostolische Glaubensbekenntnis könnte beinahe mit den Worten beginnen: „Ich glaube an die heilige Familie, an den Zusammenhalt der Generationen und die Gemeinschaft auf Gegenseitigkeit ..." – zumindest in der Idealvorstellung – auch wenn die *Realität zerrütteter Familien* manchmal ganz anders aussieht. Familienforschung und Familienpolitik verstehen unter Familie das Zusammenleben und/oder das getrennte Leben von Eltern mit kleinen, heranwachsenden und erwachsenen Kindern *und* von Erwachsenen mit ihren älteren und hochbetagten Eltern bzw. Enkelkindern mit ihren Großeltern. Hierbei handelt es sich um ein *weitgefasstes Familienverständnis*, bei dem die Familie *über Kindheit und Jugend hinaus* als soziale Gemeinschaft gilt. In den letzten Jahren und Jahrzehnten hatte sich die gesellschaftliche und politische Diskussion zwischen „Funktionsverlust", „Niedergang" und „Verfall" der Familie bewegt. Andererseits sprechen die aktuellen Zahlen im Spiegel der amtlichen Statistik eine ganz andere Sprache: Die meisten Bundesbürger bilden nach wie vor *Eltern-Kind-Gemeinschaften mit gemeinsamer Haushaltsführung.*

Die Familienforschung wird umdenken müssen. Denn beim Blick in die Zukunft der Familie und ihrer sozialen Netzwerke schwankten bisher die Expertenmeinungen zwischen Katastrophenszenarien und leuchtenden Farben einer neuen Lebensform von Geschlechtern und Generationen, deren Gestalt sich im Lebensverlauf immer wieder verändert und dennoch sozial miteinander verbunden bleibt. Zum Familienverständnis gehört die *Verbindlichkeit einer Beziehung*, also die verlässliche Zuwendung zu Kindern, Eltern und Großeltern. Die *Generationenfamilie* mit Großeltern, Eltern und Kindern entwickelt sich zunehmend zum „Zukunftsmodell Familie": Familie ist da, wo Generationen füreinander sorgen und Verantwortung tragen – auch unabhängig davon, ob sie verwandt oder als Partner miteinander verheiratet sind.

Vom Einstellungswandel zum Gesellschaftswandel ist allerdings noch ein weiter Weg. Denn: Familienfeindliche Strukturen hatten in Deutschland bisher System. *Es fehlten vielfach familienfreundliche Leitbilder* in der Arbeitswelt. Die Gleichwertigkeit von Beruf und Familie sowie von Erwerbsarbeit und Kindererziehung wurden in der Wirtschaft nicht hinreichend respektiert – obwohl die Beschäftigten einen Rechtsanspruch darauf hatten und ihn auch hätten einklagen können. Denn nach dem Grundsatzurteil des Bundesverfassungsgerichts vom 28. Februar 2002 stehen *„Kindererziehung und Haushaltsführung gleichwertig neben der Beschaffung des Einkommens"*. Bezahlte und unbezahlte Arbeit haben den gleichen Wert. *Der „Wert Familie" muss neu bestimmt werden*, wenn die Gesellschaft eine Zukunft haben will. Es kann nicht sein, dass mit dem Hinweis auf plurale Lebensformen alles gleich und gleichwertig wird und der Wert von Kindern nur noch als eine Option unter vielen gilt oder Haushalte mit Kindern tendenziell zur Minderheit zu werden drohen (zur Zeit ca. 48% in Deutschland – in Bayern mehr, in Berlin weniger).

Die Babyboomer-Generation nähert sich dem Rentenalter und wird einen *Arbeitskräftemangel* zur Folge haben. Früher diktierten die Unternehmen die Einstellungsbedingungen. Jetzt müssen immer mehr Beschäftigte durch *Anreize* angelockt werden – wie z. B. durch verlässliche Arbeitszeiten. Nicht mehr Geld, sondern *mehr Zeit für die Familie* steht in der Prioritätenliste ganz obenan. Unternehmen werden in Zukunft ebenso flexibel wie offensiv auf den demografischen Wandel und den Wertewandel der Beschäftigten reagieren müssen, wenn sie nicht ein Opfer chronischen Fachkräftemangels werden wollen. Berufstätige erwarten von den Unternehmen z. B. auch *„Firmenkindergärten"*, damit die Betreuung der Kinder gewährleistet ist. Um es pointiert zu sagen: Wer den sich abzeichnenden *Fachkräftemangel wirksam beheben* will, wird sich in Zukunft bei potentiellen Mitarbeitern regelrecht „bewerben" und neue qualitative Anreize „bieten" müssen, in denen es um Lebensqualität und nicht nur um Geld, Karriere und Erfolg geht.

Insbesondere über die *Vereinbarkeit von Betriebs- und Familienpolitik* muss neu nachgedacht werden. Arbeits- und Lebenszeiten müssen mehr aufeinander abgestimmt und in ein Gleichgewicht gebracht werden. Intensiven *Arbeitsphasen* stehen in Zukunft gleichwertig intensive *Familienphasen* gegenüber, die miteinander koordiniert und nicht gegeneinander ausgespielt werden. Davon profitieren schließlich beide Seiten. Um es deutlich zu sagen: Es fehlen *elternfreundliche Arbeitsplätze* und nicht arbeitsmotivierte Eltern. Die Realisierung des grundgesetzlich verankerten Rechtsanspruchs auf die Gleichwertigkeit und Gleichgewichtigkeit von Kindererziehung und Erwerbsarbeit ist dringender denn je.

Auch in Zukunft werden hochaltrige Männer zu einem beträchtlichen Teil von ihren Frauen und Kindern versorgt und gepflegt werden, während gleichaltrige Frauen deutlich mehr auf institutionelle Betreuung angewiesen sind. Etwa jeder zehnte Ältere über 65 lebt gemeinsam mit oder bei einem seiner Kinder im Haushalt. Und nur jeder fünfzigste Ältere lebt in einer *Großfamilie* bzw. einem *Drei- und Mehrgenerationenhaushalt*. Die Generationenforschung im *Stadt-Land-Vergleich* erbringt den Nachweis, dass die Pflege der Eltern in kleinen ländlichen Gemeinden nicht häufiger (eher seltener) und auch finanzielle Unterstützungen der Eltern ebenfalls nicht häufiger (eher seltener) anzutreffen sind. Obwohl die Generationen auf dem Land näher beieinander wohnen, hat dies keinen Einfluss auf die Beziehungsqualität und wirkt sich – überraschenderweise – manchmal sogar negativ auf die Pflegehäufigkeit aus. Mit anderen Worten: *Das enge Zusammenleben unter einem Dach kann die Generationenbeziehungen im täglichen Leben erheblich belasten.* Die gegenseitige (insbesondere ökonomische) Abhängigkeit voneinander erweist sich nicht gerade als Basis für gute Beziehungen. *Generationenbeziehungen* werden gefestigt, wenn sie auf einer *inneren Nähe durch äußere Distanz* beruhen.

Die Familie erbringt nach wie vor eine *doppelte Vorsorgeleistung* – eine Kapitalvorsorge und eine Sozialvorsorge. Wenn das Grundgesetz in Artikel 6 die Familie unter den besonderen Schutz des Staates stellt, so findet dies in der doppelten Vorsorgeleistung der Familie seine Begründung. Versicherungsgesellschaften können das nicht leisten und Freundeskreise wollen das in der Regel auch nicht. So gesehen erweist sich die Familienförderung als die *beste Zukunftsvorsorge* der Gesellschaft. Während sich die Gesetzliche Rente mehr zu einer Art Zusatzversicherung zurückentwickelt, nimmt die *Familie als verlässliche Vollversicherung* ihren Platz ein.

Nach dem Nationalen WohlstandsIndex für Deutschland (NAWI-D), erhoben vom Meinungsforschungsinstitut Ipsos, macht *Eigentum* wie Haus, Wohnung und Auto jeden zweiten Bundesbürger glücklich. Aber viel wichtiger für das persönliche Wohlergehen erweist sich der *Beziehungsreichtum in der eigenen Familie*. Als Generationengemeinschaft mit starken Bindungen gibt sie Sicherheit im Leben und wirkt wie eine beständige Wertanlage. Ihre *Rendite heißt Lebenserfüllung*. Der familiäre Zusammenhalt trägt zur *Gewinnmaximierung des persönlichen Lebens* bei. In dem gemeinsam mit Ipsos entwickelten NAWI-D lässt sich nachweisen, dass unter den Bevölkerungsgruppen mit dem *höchsten Wohlergehensniveau* Familien mit Kindern überrepräsentiert sind. Auch Verheiratete schätzen ihren persönlichen Wohlstand höher ein als Singles oder Geschiedene. Offensichtlich helfen *Beziehungsqualitäten* des Lebens, materiell den Mangel auszugleichen.

Für die Familienpolitik gilt: *Geld zeugt keine Kinder*. Mehr Kinder- und Elterngeld führen nicht zwangsläufig zu einem Anstieg der Geburtenrate. Wer familienpolitisch die demografische Entwicklung positiv beeinflussen will, muss neben der finanziellen Familienförderung und den infrastrukturellen Hilfen (z. B. Betreuungsleistungen) *die verinnerlichten Familienleitbilder der Bevölkerung* kennen. Junge Frauen und Männer haben nach Erfahrungen des Wiesbadener Bundesinstituts für Bevölkerungsforschung ganz bestimmte Vorstellungen („Idealbilder") darüber, *ob und warum sie Kinder haben wollen*. Dabei wird beispielsweise die Auffassung vertreten:

- Kinder gehören zum Leben dazu.
- Kinder machen eine Partnerschaft stabiler.
- Ohne Kinder wird man im Alter einsam sein.

Manche wollen sich durch Kinder auch *ein Denkmal schaffen* – eine Erklärung dafür, warum so viele alte Menschen für ihre Kinder und Enkelkinder sparen, statt das Geld im Alter selbst auszugeben. Mit anderen Worten: Eine Familie haben ist schön, aber nicht umsonst zu haben: Familienleben „*kostet*" Zeit, Geld und nicht selten auch Nerven. Dafür aber „*bringt*" sie Lebenserfüllung, die unbezahlbar ist.

Als die ehemalige zweifache Goldmedaillengewinnerin Britta Steffen unmittelbar nach ihrem Olympiatriumph in Peking mit der Frage nach dem *Geheimnis ihrer mentalen Stärke* konfrontiert wurde, kam die ganz spontane Antwort: „*Das bleibt immer das Wichtigste: Familie, Gesundheit, Freund und Freunde. Diese Kontakte zu haben, ist das Schönste im Leben*" – frei nach den Worten von Friedrich Hölderlins „Hyperion", wonach *das Schönste im Leben auch das Heiligste* ist. In drei Sätzen hatte Steffen das zum Ausdruck gebracht, was auch repräsentativ nach Meinung der Bevölkerung das Wichtigste und Schönste im Leben ist: *Die Familie ist den Deutschen heilig!*

Nach der Krise ist vor der Krise, so sagt man. Die Corona-Krise wird nicht die letzte Pandemie sein. Krisenzeiten bleiben uns erhalten und verändern unser Verhalten. Trotz „social distancing" in Deutschland hat sich der familiäre Zusammenhalt als wirkungsvollster Schutz in der Corona-Krise erwiesen. Deshalb stellt sich die Sinnfrage des Lebens neu: *Was macht ein Mensch ohne Familie?* Die junge Generation der 14- bis 24-Jährigen wird sich daher als bestimmende Generation von morgen nicht länger den individualistischen Luxus leisten können, *Beständigkeit* durch Beliebigkeit zu ersetzen und in der Rangskala der 20 wichtigsten Werte die eigene Selbstständigkeit ganz oben (64%), die *Bindungsfähigkeit* aber an die letzte Stelle (26%) zu setzen. Ohne Bindungsfähigkeit kann es persönlich keine lebenswerte Zukunft geben.

2. Eine neue Solidarität der Generationen entsteht. Die Unterstützung bei vielen Krisen

Mit meinem vierjährigen Enkel Maximilian suchte ich einmal einen Spielplatz auf. Dort freundete er sich mit einem kleinen Mädchen an und – ohne aufzuschauen – teilte er dem Mädchen fast beiläufig mit: „Das ist mein Opa, der macht immer Quatsch." Sie nickte und bestätigte mit großem Ernst: „Ja, mein Opa lügt auch immer." Großeltern haben und nehmen sich offensichtlich größere Freiheiten im Umgang mit ihren Enkelkindern. Und sie entwickeln dabei eine besondere Beziehung – auf gleicher Augenhöhe, so als gäbe es die zweite Generation, die Elterngeneration, gar nicht.

In unsicheren Zeiten kann das Grimm'sche „Märchen vom alten Großvater und seinem Enkel" wieder aufleben: Es war einmal ein ganz alter Mann. Seine Augen waren trüb, die Ohren taub und die Knie zitterten ihm. Wenn er nun mit der gesamten Familie bei Tische saß und den Löffel kaum halten konnte, schüttete er manchmal seine Suppe auf das Tischtuch. Und es floss ihm auch etwas wieder aus dem Mund. Sein Sohn und dessen Frau ekelten sich davor. Und deswegen musste sich der alte Großvater hinter den Ofen in die Ecke setzen. Sie gaben ihm sein Essen in ein irdenes Schüsselchen und noch dazu so wenig, dass er kaum satt werden konnte. Da sah er betrübt nach dem Tisch der anderen und seine Augen wurden ihm nass. Als einmal seine zittrigen Hände das Schüsselchen nicht festhalten konnten, fiel es zur Erde – und zerbrach. Die junge Frau tobte. Er sagte aber nichts und seufzte nur.

Da kaufte sie ihm ein hölzernes Schüsselchen für ein paar Heller. Daraus musste er nun löffeln. Während sie nun alle da so saßen, trug der kleine vierjährige Enkel auf der Erde kleine Brettlein zusammen. „Was machst du da?" fragte der Vater. „Ich mach ein Tröglein" antwortete das Kind, „daraus sollt ihr dann essen, wenn ich einmal groß bin." Da sahen sich beide eine Weile betroffen an, fingen plötzlich an zu weinen, holten sofort den alten Großvater an den Tisch und ließen ihn von nun an immer mitessen. Und sie sagten auch nichts, wenn er gelegentlich ein wenig verschüttete.

Vielleicht könnte eine moderne Version (Ganßmann 2002) auch so enden: Der alte Mann resignierte nicht und bekannte trotzig: „Lieber allein verhungern, als sich von seinen Kindern so behandelt sehen." Darauf sahen sich Mann und Frau an, kamen ins Nachdenken und fingen endlich an zu weinen: „Wer wird denn für uns sorgen, wenn wir einmal nicht mehr arbeiten können?" In diesem Augenblick klingelte ein Versicherungsvertreter und bot ihnen einen inflationsstabilen Pensionsfonds mit garantierter hochprozentiger Rendite und allerniedrigsten Verwaltungsgebühren an. Der Sohn und seine Frau kauften sich von dem, was sie am alten Vater sparten, in den Pensionsfonds ein. Und seither gingen sie jeden Feierabend nachsehen, ob hinterm Zaun bei den Nachbarn genügend Kinder aufwuchsen, die später für das viele schöne Geld Suppe für sie kochen könnten...

Dieses „alte" Märchen ist insofern ganz modern, als der Generationenvertrag das Zusammenspiel zwischen drei (und nicht nur zwischen zwei) Generationen umschreibt: Die Großelterngeneration hat zeitlebens für die Elterngeneration gesorgt und möchte nun ihrerseits versorgt werden. In diesem *Generationenpakt* spielt die dritte, die *Kindergeneration eine zentrale Rolle*. Sie bringt nicht nur eine moralische Dimension ins Spiel. Sie macht die Eltern auch darauf aufmerksam, was sie erwartet, wenn sie sich weiterhin so verhalten. *Das Vorleben der Elterngeneration wird normprägend für die Nachkommen.* Es gilt das Jahrhunderte alte „do-ut-des"-Prinzip: Ich gebe dir, damit auch du mir – später – gibst. Die Erwartung eines „Gleichgewichts des Gebens und Nehmens" bzw. von Leistung und Gegenleistung ist langfristig angelegt (Ganßmann 2002). Sie begründet den Mehrgenerationenvertrag neuer Prägung.

Zum ersten Mal in der Geschichte der Menschheit haben heute und in Zukunft drei oder gar vier Generationen die Möglichkeit, am Leben der jeweils anderen teilzunehmen. Im gesellschaftlichen Verständnis von Familie ist es weitgehend ohne Belang, ob es sich dabei um Ehepaare oder nichteheliche Lebensgemeinschaften mit gemeinsamen Kindern handelt. Familienforschung und Familienpolitik verstehen unter Familie das Zusammenleben und/oder das getrennte Leben von Eltern mit kleinen, heranwachsenden und erwachsenen Kindern *und* von Erwachsenen mit ihren älteren und hochbetagten Eltern bzw. Enkelkindern mit ihren Großeltern. Hierbei handelt es sich um ein *weitgefasstes Familienverständnis*, bei dem die Familie *über Kindheit und Jugend hinaus* als soziale Gemeinschaft gilt.

Die Familie von morgen ist nicht mehr nur ein Ort, „wo Kinder sind". *Die Familie ist eine Gemeinschaft mit starken Bindungen, in der Menschen füreinander sorgen* und wo Sicherheit und Verlässlichkeit, Zusammenhalt und Geborgenheit gelebt werden können. Eine *neue Lebensqualität* kommt auf uns zu: *Der Generationenzusammenhalt, die Solidarität der Generationen.* Der demografische Wandel in Verbindung mit unsicheren

Krisenzeiten führt zu einer grundlegenden Bedeutungsaufwertung der Generationenbeziehungen zwischen Enkeln, Kindern, Eltern und Großeltern.

> *„Der Generationenzusammenhalt von Enkeln, Kindern,*
> *Eltern und Großeltern wird immer wichtiger und*
> *hilft bei vielen Krisen."*
> (O.I.Z 2020: 84%)

84 Prozent der Deutschen sind davon überzeugt: Der Generationenzusammenhalt „wird immer wichtiger und hilft bei vielen Krisen". Vor allem die Bewohner im ländlichen Raum (92%) wissen die hilfreichen Generationenbeziehungen zu schätzen. Die Generationen stützen und unterstützen sich – mental, sozial und auch materiell. Die ältere Generation leistet erhebliche Transfers (Geld und Sachmittel) an die jüngere Generation, die sich wiederum durch nichtmonetäre Hilfeleistungen (Haushaltsarbeiten, Besorgungen, Betreuung) erkenntlich zeigt. Das sind die *neuen Signale der Solidarität* im 21. Jahrhundert: Jung hilft Alt – Alte sparen für Junge.

So entwickelt sich die *Generationenbeziehung* zu einem *familiären Generationenpakt auf der Basis einer neuen Solidarität*. Dieser private Generationenvertrag umschreibt das Zusammenspiel zwischen drei (und nicht nur zwischen zwei) Generationen: Die Großelterngeneration hat zeitlebens für die Elterngeneration gesorgt und möchte nun ihrerseits versorgt werden. In diesem *Generationenpakt* spielt die dritte, die *Kindergeneration, eine zentrale Rolle*. Sie bringt nicht nur eine moralische Dimension ins Spiel. Sie macht die Eltern auch darauf aufmerksam, was sie erwartet, wenn sie sich weiterhin so verhalten. *Das Vorleben der Elterngeneration wird normprägend für die Nachkommen*.

Als Tendenz zeichnet sich für die Zukunft die Mehrgenerationenfamilie an verschiedenen Orten (und nicht die Großfamilie unter einem Dach) ab. Dieser neue Familientyp bildet keinen gemeinsamen Haushalt und pflegt doch enge familiäre Beziehungen. Was bisher eine Seltenheit war, wird zur Normalität: Die Mehr-*Generationen-Familie*. „Beinahe in jeder Grundschulklasse gibt es Kinder, die noch eine Ur-Großmutter besitzen. Bei der Einschulungsfeier sitzen *mehr Großeltern als Geschwister* auf den Bänken" (Lepenies 1997, S. 85). In Zukunft überschneiden sich die Lebenszeiten der Generationen, während sie früher aufeinander folgten. Auch die heutigen Generationenbeziehungen beweisen Stabilität und verlassen sich nicht nur auf die staatliche Fürsorge.

Wie leicht und leichtsinnig klingt es dagegen aus dem Mund des Internetexperten und Medienphilosophen Norbert Bolz: Im Digitalzeitalter hat man „*die Eltern, Kinder und Verwandten nicht mehr so nötig wie früher*, ja, oft fallen sie zur Last." In einer neuen „Welt der schwachen Bindungen wird man durch einen Klick im Netz zum Freund" (Bolz 2013, S. 59). Das genaue Gegenteil trifft nach Ansicht der jungen Generation zu: Drei Viertel (77%) der Digital Natives im Alter von 14 bis 29 Jahren sind von *Generationenzusammenhalt* überzeugt. In Zeitvergleichsstudien ist nachweisbar: In großem Umfang fließen *Ströme an Geld, Sachmitteln und persönlichen Hilfen* von den Älteren zu den Jüngeren. *Die Alten sparen – für die Jungen.* Über 65-jährige Eltern leisten beispielsweise siebenmal so viele Geldzahlungen an ihre erwachsenen Kinder, als sie von diesen zurückerhalten. Ein solcher familienbasierter Generationenpakt gleicht einer *Austauschbörse des Gebens und Nehmens auf Gegenseitigkeit.* Finanzielle und soziale Transfers fließen in erheblichem Umfang zwischen den Generationen. Die Generationenbilanz kann sich sehen lassen: *Jung und Alt kooperieren mehr, als dass sie sich bekämpfen.* Beide brauchen einander. Beide profitieren voneinander.

Aus dem früheren Zusammenleben mehrerer Generationen unter einem Dach wird heute ein beziehungsreiches Aufeinander-angewiesen-und-füreinander-da-Sein trotz räumlicher Distanz. Diese Beziehungsqualität schließt spontane Telefonate ebenso ein wie regelmäßige Besuchskontakte sowie materielle und immaterielle Unterstützungsleistungen zwischen den Generationen. *Freundschaft zwischen den Generationen ist eine neue Beziehungsqualität.* Befreit von der Erziehungslast werden Großeltern immer öfter zu Vertrauten, Freunden und Verlässlichkeitspartnern. Die Schreckensszenarien, in denen die Jungen den Generationenvertrag einfach kündigen und die Alten zu sozial Obdachlosen ohne Zufluchtsort machen, entbehren jeder Grundlage. *Die Alten leben nicht auf Kosten der Jungen*, sondern leisten im Laufe ihres Lebens mehrfache Beiträge zum Erhalt des Generationenvertrags. Sie haben die Renten ihrer Vorgängergeneration finanziert und auch eigene Rentenansprüche erworben. Und sie erbringen im erheblichen Umfang zusätzliche finanzielle Transferleistungen für die Kinder und Enkel.

Die Krisenerfahrung hat gezeigt: Das Dach über den Generationen ist nicht zerstört. Die soziale Katastrophe findet nicht statt. Und die Generationenfamilie steht am Anfang einer neuen Sinnsuche. Die Generationen finden neu zueinander – weniger über Tradition und Religion als vielmehr gestützt auf die alltägliche *Krisenerfahrung*: Wir helfen euch, damit auch ihr uns helfen könnt. Gelebter Gemeinsinn und pragmatische Solidarisierung sind das neue Fundament für die Gesellschaft des 21. Jahrhunderts. Gelebte Solidarität ist kein Relikt aus vergangenen Zeiten, sondern eher ein Produkt des 21. Jahrhunderts. Sie basiert auf freiwillig eingegangenen Verpflichtungen. Sie nimmt nicht ab, sondern zu – an Zahl, Reichweite und auch an Dauerhaftigkeit. Die Generationenfamilie kann zur bedeutendsten Quelle von Solidarleistungen werden.

Es deutet sich eine *Rückbesinnung auf frühere Generationenbeziehungen* des 17. bis 19. Jahrhunderts an, die auf emotionalen Bindungen beruhten. In früheren Jahrhunderten gab es ebenso dauerhafte wie intensive Beziehungen zwischen den Generationen. Die mobilen Handwerksgesellen hielten auf ihrer Wanderschaft regelmäßige Kontakte zu ihren Eltern, tauschten Briefe aus und erhielten im Gegenzug Geldsendungen. Auf dem Lande standen die Familien in ständiger Verbindung auch zu weit entfernt lebenden Kindern oder Eltern. Und im Arbeitermilieu des späten 19. Jahrhunderts wurden Eltern zur Versorgung und Betreuung in die Haushalte ihrer Kinder aufgenommen. Gegenseitige Hilfe und Unterstützung wurde erwartet und als verpflichtend empfunden. Eine *Unterstützungs- und Beistandspflicht* war Norm und Leitbild zugleich – also mehr eine ökonomische und soziale Notwendigkeit und weniger die Folge einer Sehnsucht nach (groß-)familiärer Idylle.

Auch das heutige Modell der Generationenfamilie beweist Stabilität und verlässt sich nicht nur auf staatliche Fürsorge oder private Lebensversicherungen. Wird das zynische Wort des französischen Soziologen

Jean Baudrillard, wonach die Sozialversicherung nur die „Prothese einer toten Gesellschaft" sei, von der Wirklichkeit eingeholt? *Die Bürger verlassen sich heute nicht mehr allein auf die „Prothese" des staatlichen Generationenvertrags.* Sie können und wollen ganz gut auf eigenen Beinen stehen. Geht man von einer groben Aufteilung der Bevölkerung in die jüngere (bis 34 Jahre), die mittlere (35 bis 54 Jahre) und die ältere Generation (55 Jahre und mehr) aus und fragt nach gegenseitigen Hilfeleistungen materieller und immaterieller Art, so ist man überrascht vom Umfang und der Intensität *gelebter und praktizierter Solidarität* zwischen den Generationen. Die Hilfeleistungen fangen früh an und hören eigentlich nie auf. Bei der aktuellen gesellschaftlichen Diskussion zur Alterssicherung werden vorrangig finanzielle Aspekte erörtert. Dabei wird aber weitgehend übersehen, dass es innerhalb der Familien zu erheblichen *finanziellen Transfers zwischen den Generationen* kommt.

In Zukunft nimmt die Zahl älterer Menschen ohne festen Partner und ohne Kinder beziehungsweise mit weit entfernt lebenden Kindern zu. Das hat Auswirkungen auf die Familienstrukturen. Die Zwei-, Drei- oder gar Vier-Generationenfamilie wird zum Stabilitätsanker in einer Mischung aus Fürsorge und Vorsorge, Hilfs- und Pflegedienst, Geldanlage und zuverlässiger Lebensversicherung. *Der Trend zur Entfamiliarisierung ist eine Legende.* Die Familie bleibt auch und gerade in Nach-Corona-Zeiten das Grundmodell für gelebten Gemeinsinn.

Daraus ergeben sich Anforderungen für die Politik: *Familienpolitik wird wieder als Zukunftspolitik verstanden.* Sie wird wegen des demografischen Wandels mehr *zur Generationenpolitik* und denkt beispielsweise das Thema Wohnen neu und weiter. Familien haben schließlich am meisten unter dem Mangel an bezahlbarem Wohnraum zu leiden. Vielleicht werden schon bald in der Nähe von Mietwohnungen *zu-mietbare Wohnbereiche* bereitgestellt, die es erwachsenen Kindern ermöglichen, pflegebedürftige Eltern aufzunehmen. Auch ein eigenes *Ministerium für Generationenbeziehungen* ist nicht mehr fern, mit dem das alte Wortungetüm BMFSFJ – Bundesministerium für Familie, Senioren, Frauen und Jugend – ersetzt wird. Und nicht zuletzt: Wenn Generationenbeziehungen zum Synonym für Zusammenleben und Zusammenhalt werden, wird wohl auch im Steuersystem über eine Art von *Generationensplitting* nachgedacht.

Für die Älteren stellt das Geben-Können mehr eine *persönliche Erfüllung* und weniger einen Konsumverzicht dar. *Gemeinsam für eine lebenswerte Zukunft: Das ist die neue Solidarität von Alt und Jung.* Es wird höchste Zeit, mit dem *Anspruch aktivierender Kommunalpolitik* ernst zu machen. Denn bundesweit wartet ein Großteil der 55plus-Generation auf Aktivierung (und nicht nur auf Honorierung). Sie will selbst aktiv in der Alten- oder Kinderbetreuung und auch in Bürgerinitiativen mit sozialem Anliegen mitwirken.

Wer keine Familie hat, muss im Alter oft auf bezahlte Helfer ausweichen. Im hohen Alter wird auch der Freundeskreis kleiner. Die Generationenbeziehungen zwischen Jung und Alt vermitteln hingegen ein Leben lang *Gemeinschafts-, Geborgenheits- und Zugehörigkeitsgefühle*, die Einsamkeitsängste verhindern helfen. Dies ist ein Reichtum des Lebens in einer Gesellschaft des langen Lebens. Die Generationenbeziehungen erweisen sich als verlässliche Lebenshilfe, die mit Geld nicht zu bezahlen ist. Als gelebte Solidaritätsgemeinschaft löst sie die Begriffe „Jung" und „Alt" weitgehend auf und sorgt für ein soziales Netz auf gleicher Augenhöhe. Dabei gilt der Grundsatz: *Hilfeleistung kommt vor Geldleistung.*

Die Tierwelt macht es uns Menschen doch schon lange vor: *Wer sich um andere sorgt, lebt länger* („Caretakers live longer"). Es gibt Tierarten, bei denen die Männchen nach der Geburt die Aufzucht der Jungen übernehmen. Die Folge: Die Männchen überleben ihre Weibchen um mehr als 20 Prozent (Allman 1998). Daraus folgt im Umkehrschluss: *Wer sich nicht sozial verhält, setzt sein Leben aufs Spiel.* Ein starkes soziales Netz steigert nachweislich die Lebenserwartung von Menschen (Klein 2010) – auch eine Erklärung dafür, warum Frauen in allen Kulturen länger leben als Männer. Sie fühlen sich für die Kinderbetreuung und jetzt in zunehmendem Maße auch für die Altenbetreuung hauptverantwortlich. In die Zukunft übertragen bedeutet dies: Ältere Menschen, die sich um Kinder und Enkelkinder kümmern, *verlängern ihre Lebenszeit.* Noch nie in der Geschichte der Menschheit hatte die Pflege der Generationenbeziehungen über zwei oder drei Generationen hinweg eine solche existentielle Bedeutung. *Generationenbeziehungen werden wichtiger als Partnerbeziehungen.* Generationenbeziehungen weisen ein höheres Maß an Stabilität auf und halten meist ein Leben lang.

3. Freunde und Nachbarn sind wie eine zweite Familie. Verlässliche Wegbegleiter im Leben

Mitten in der aufgeregten öffentlichen Debatte über die schulische Vermittlung traditioneller Werte meldete sich unlängst eine 13-jährige Schülerin aus dem Norden Londons in der Zeitung *Independent* zu Wort und machte klar, wie sehr sich inzwischen familiäre Traditionen verändert haben: „Wenn die Regierung glaubt, man müsse zu den alten Werten und der traditionellen Familie zurückkehren, dann glaubt sie etwas anderes als die Leute. Ich habe zwei Mamas und zwei Papas, eine Menge Brüder und Schwestern, aber keiner von ihnen ist es eigentlich wirklich. Sie sind alle *Halb-Irgendwas* und *Stief-Irgendwas* und ein bisschen dies und ein bisschen das. Und ich liebe sie. Wenn Politiker die Liebe der Familie so betonen, dann sage ich, man sollte ebenso viele Eltern haben wie physisch nur möglich. Jeder, den man zur Familie zählt, ist Familie. *Auch Freunde können Familie sein*" (Handy 1998, S. 77f.). Freunde werden, ja sind oft wie eine zweite Familie. Freunde können eine Familie sicher nicht ersetzen, aber wie eine *zweite Familie* wirken.

> *„Freunde können wie eine zweite Familie sein.*
> *Ich stehe heute schon Verwandten, Freunden und*
> *Nachbarn oft für Hilfeleistungen zur Verfügung."*
> (O.I.Z 2020: 79%)

Mehr als drei von vier Bundesbürgern (79%) stehen heute schon Verwandten, Freunden und Nachbarn öfter für Hilfeleistungen zur Verfügung. Insbesondere Familien mit Kindern wissen die gegenseitige Hilfsbereitschaft zu schätzen (84%) – vom Fahrdienst über die Aufsicht der Kinder bis zu Homesitter-Diensten. Nachbarn, Freunde und Bekannte werden als *soziale Netzwerkpartner* immer wichtiger. Obwohl diese Kontakte freiwillig eingegangen werden, also jederzeit aufkündbar sind, zählen sie zu den stabilsten Beziehungen im Lebenslauf. Sie haben langjährige Bedeutung – vor allem dann, wenn ihnen gemeinsame Aktivitäten und Interessen zugrunde liegen. Solche sozialen Konvois und lebenslange Begleiter übernehmen in der Regel keine Pflegeleistungen. Aber sie tragen durch ihre *Besuchs- und Betreuungsleistungen* wesentlich zur Verbesserung der Lebensqualität bis ins hohe Alter bei.

In Wohlstandszeiten mag die Vielzahl der Freunde real und virtuell im Netz ein Prestigefaktor sein. In Krisenzeiten dagegen, in denen die Wohlstandssteigerung in Frage gestellt und die Erhaltung des Lebensstandards nicht mehr sicher ist, kommt es mehr auf die Stabilität und Intensität echter Freundschaften an. Die Antwort auf die Frage „Ersetzen die Menschen im 21. Jahrhundert die jahrhundertalten Face-to-Face-Beziehungen durch Netzwerkbeziehungen?" lautet: „Nein!" Netzwerke können echte Freundschaften nicht ersetzen, aber echte Freundschaften können den Verlust von Familienangehörigen wenigstens teilweise ausgleichen helfen. Es ist doch kein Zufall, dass das Motiv „*Freunde gewinnen*" bei der Frage, was z. B. Jugendliche zu sozialem Engagement bewegt, immer bedeutsamer wird. *Freunde für's Leben sorgen auch für mehr Freude im Leben.*

Im Internet-Zeitalter wird es für viele Jugendliche immer schwieriger, reale und virtuelle Freundschaften in einer ausgeglichenen Balance zu halten – zeitlich, sozial und auch mental. Natürlich wollen sie die reale Welt nicht vernachlässigen. Andererseits spüren sie, dass der Digitalisierungsdruck weiter zunimmt und das eigene Sozialverhalten verändert. Eine 16-Jährige Schülerin sagte mir: „Ich habe mich früher wirklich verabredet und meine Freunde einfach getroffen, oft auch auf der Straße. Bei meinem kleineren Bruder ist das anders. Der trifft sich z. B. nur noch zum Spielen in irgendwelchen Netzwerken – und nicht mehr wirklich." Die Problemlösung für die neue Generation kann nur lauten: Ganz bewusst virtuelles und reales Leben trennen, um so den Wert von Freundschaften zu retten und nicht zu entwerten. Den Jugendlichen kann man eigentlich nur zurufen: Lasst euch nicht blenden vom Schein des Likens und Geliked-Werdens in sozialen Medien. Setzt weiter auf starke und verlässliche Freundschaftsbeziehungen.

Erinnern wir uns: Im 2. Jahrhundert n. Chr. hatten einzelne Adlige Angehörige eines anderen Adelsgeschlechts adoptiert, um so den Fortbestand der Familie und des Adelsgeschlechts zu sichern. Römische Kaiser von Trajan bis Mark Aurel gelangten auf dem Weg über die Adoption zur Herrschaft. Auch im 21. Jahrhundert entstehen durch Freundschaftsgruppen und Hausgemeinschaften „Wahlfamilien". *Enkel-, Kinder- und Familienlose werden wie durch Adoption als Wahlverwandtschaft in Wahlfamilien aufgenommen.* Auf diese Weise entwickeln sich Beziehungsverwandtschaften – wenn auch mit weniger Bindung und Verbindlichkeit.

Das ist die *Grundidee der sozialen Konvois*, die besonders hilfreich im Leben sind, wenn sie generationsübergreifend angelegt sind und Zusammensein (z. B. im Verein) und Zusammenwohnen (z. B. im Mehrgenerationenhaus) ermöglichen. Soziale Konvois als lebenslange Wegbegleiter: Sie werden inmitten einer mobilen und schnelllebigen Welt unverzichtbar. Vom Generationenpakt auf privater Basis profitieren bisher primär Generationen mit familialen Netzwerken. Alle anderen (insbesondere *Singles und Kinderlose*) müssen schauen, dass sie im Laufe ihres Lebens verlässliche nichtverwandte soziale Netze knüpfen. Obwohl diese Kontakte freiwillig eingegangen werden, also jederzeit aufkündbar sind, erweisen sie sich als stabile Beziehungen im Lebenslauf. Sie haben oft langjährige Bedeutung – vor allem, wenn ihnen gemeinsame Aktivitäten und Interessen zugrunde liegen. Die sozialen Konvois tragen durch ihre *Besuchs- und Betreuungsleistungen* wesentlich zur Verbesserung der Lebensqualität bis ins hohe Alter bei. Sie können sich spontan bilden, aber genauso gut eine Folge rationaler Überlegungen sein – als Helfer in der Not und dies ein Leben lang: Verwandte sozial unterstützen und betreuen, Freunden beim Umzug oder in Notsituationen helfen und zur Nachbarschaftshilfe bereit sein. Freundschaftsdienste und Nachbarschaftshilfen zahlen sich aus.

Aus den regelmäßigen Kontakten wird ein beziehungsreiches Aufeinander-angewiesen-und-füreinander-da-Sein. Diese neue Beziehungsqualität schließt spontane Telefonate ebenso ein wie regelmäßige Besuchskontakte sowie persönliche Unterstützungsleistungen. Die Wiederentdeckung und Pflege von Freundeskreisen, Hausgemeinschaften und Nachbarschaftshilfen wird die große soziale Herausforderung des

21. Jahrhunderts werden. Flächendeckende Heimversorgung und „betreutes Wohnen" – in den 70er Jahren nur für Behinderte eingeführt – werden bald der Vergangenheit angehören, weil sie dann durch den *Selbsthilfegedanken und die Nachbarschaftsmentalität* abgelöst werden. Mit zunehmendem Alter werden die Nachbarn im unmittelbaren Wohnumfeld immer wichtiger. Sie ermöglichen eine *Hilfsbereitschaft der kurzen Wege*. Die Erkenntnis und Erfahrung setzen sich durch: Der Solidarische muss nicht mehr der Dumme sein. Die Bürger distanzieren sich zunehmend von der *Egoismus-Falle* (Nuber 1993), von der Ideologie des aufgeblähten Selbst und den wir-losen Ichlingen. *Das Ego reicht als Sinnquelle des Lebens nicht mehr aus.*

Die Bürger machen zunehmend die Erfahrung des Aufeinander-Angewiesenseins – auch und gerade in der näheren Nachbarschaft: von der Urlaubsbetreuung des Hauses und der Haustiere über die Gartenarbeit bis hin zur Hilfe beim Umzug. Solange sich Menschen umeinander kümmern und sorgen, lebt die *Solidarität als BürgerSelbstHilfe*, ohne auf den Staat angewiesen zu sein. „Ehrenämter" haben im Vergleich dazu nur eine marginale Bedeutung im Verein, in Kirche und Gemeinde, in sozialen Institutionen oder in Parteien und Gewerkschaften. Gelebte Solidarität im Sinne von praktizierter Hilfeleistung findet bei der Bevölkerung mehr im Nahmilieu von Familie/Verwandten, Freunden/Bekannten und Nachbarn statt – mit einem positiven Nebeneffekt: *Je mehr Nachbarn sich mit Vornamen kennen, desto sicherer ist die Wohngegend.*

Zukunft ist wieder einmal Herkunft. Der *Nachbarschaftsgedanke* hat schließlich eine lange Geschichte. Ein guter Freund, in Essen-Rellinghausen geboren, stellte mir unlängst die kritische Frage, ob denn die von mir favorisierten „sozialen Konvois" Ähnliches leisten könnten wie die Nachbarschaften von früher. Zu einer Zeit, da es weder Renten-, Lebens-, Kranken- und Pflegeversicherungen gab, war *der nachbarschaftliche Zusammenhalt eine Frage des Überlebens*. Ohne die kostenlose praktische Nachbarschaftshilfe durch Nachtwachen, Kinderpflege und Übernahme der Waisen oder durch Erntehilfe, Haus- und Scheunenbau bei Brand oder Missernte war das Leben kaum zu bewältigen. So weist beispielsweise die Chronik von Hans Schroer zur Geschichte Rellinghausens anschaulich und überzeugend nach: Der Zweck der Nachbarschaft war die *gegenseitige Hilfeleistung in Not und Tod*. Jedem Nachbarn wurden „sieben Notnachbarn" mit „Nachbar-Pflichten" zugeordnet. Wer diese Pflichten vorsätzlich verletzte, musste mit der tiefsten Verachtung und manchmal auch mit Ordnungsstrafen rechnen: „Wer bei Beerdigungen ohne Entschuldigung fehlt, verfällt einer Strafe von 10 Silbergroschen" (Schroer 1986, S. 11).

Gute Nachbarn aber bekommt man nicht geschenkt – wie die gutnachbarlichen Beziehungen in der Politik auch nicht. Deutschland, ein Land mit vielen Nachbarn, muss sich, wie Altkanzler Helmut Schmidt einmal treffend bemerkte, viel Mühe geben, ein guter Nachbar zu sein: „Das ist wie in einem Reihenhaus" (Schmidt, 2010, S. 46). Ein Reihenhaus ist kein Schneckenhaus. Es ist eher *Teil einer Wagenburg*, in die sich die Pioniere früherer Zeiten bei Gefahr zurückziehen und zusammenrücken. Aus dem Nebeneinander wird ein Miteinander – so wie heute die Nachbarfamilie links und die Nachbarfamilie rechts Schutz geben und Sicherheit gewährleisten können und sollen.

In den Wohlstandszeiten der 70er bis 90er Jahre war dies keine Selbstverständlichkeit. „*Bei uns nebenan*" hieß beispielsweise der Titel einer TV-Live-Sendung im NDR III an Samstagnachmittagen in den 80er Jahren. Die Sendung wurde eröffnet mit einem Einspielfilm, in dem eine Hand auf die *Klingel des Nachbarn nebenan* drückte – als symbolische Einladung und Aufforderung: „Komm mit" und „Mach mit". Als Moderator und wissenschaftlicher Berater der Sendung versuchte ich seinerzeit, Zuschauer zu motivieren, nachbarschaftliche Kontakte aufzunehmen und dabei selbst initiativ zu werden.

„*Mit diesen Nachbarn geht das nicht.*" Das war die Standardantwort der Bewohner in den 70er Jahren, als ich erstmals die Durchführung eines Nachbarschaftsfestes im Wohnquartier anregte. Das Zutrauen in die *Nachbarn von nebenan* war äußerst gering. Man kommunizierte gelegentlich von Zaun zu Zaun. Jeder war sein eigener Territorialherr. Und an der Haustür endete die Nachbarschaft. Das Fest fand dennoch statt, weil ich ganz bewusst auf Multiplikatoren setzte: Ich überzeugte zunächst den Vorsitzenden eines Gesangvereins, dann den Schriftführer eines Sportvereins und schließlich einen kommunalpolitisch aktiven Nachbarn, der Stadtverordneter werden wollte. Das spontane „Festkomitee" war geboren. Und aus einer Idee entwickelte sich eine Initiative und Tradition: Das Nachbarschaftsfest fand jedes Jahr am Ende der Sommerferien statt. Die sozialen Folgewirkungen blieben nicht aus. Wir freundeten uns an, trafen uns auch öfter privat und schmiedeten in Notzeiten (Öl-/Energiekrise und Hochzinspolitik in den 70er Jahren) gemeinsame Kauf- und Investitionspläne: „ein" Vertikutierer für mehrere Gärten, „eine" ausziehbare Leiter für die Dachrinnen und „ein" größerer Tanklastzug für die Öllieferung mit entsprechendem Mengenrabatt.

Fünf Jahre später zog ich mit der Familie vom heimischen Siegerland in das urbane Umfeld von Hamburg. *„Mit diesen Nachbarn geht das nicht"* schallte es mir wieder unisono entgegen, als ich versuchte, die Nachbarschaftsidee in den hohen Norden zu transportieren. Jetzt hatte ich es plötzlich nicht mehr mit Nachbarn aus einem gewachsenen Arbeiterviertel zu tun, sondern mit Architekten, Journalisten und Computerspezialisten in einer Metropolregion. Hier wurde gekonnt *Distanz gewahrt und gepflegt*. Und dennoch. Ein Jahr später fand das erste gemeinsame Fest statt. Die Folge: Ein Baum wurde gepflanzt. Und ein Kommunikationszentrum ganz eigener Art gebaut – eine „Klönhütte" mit Glocke. Wer Zeit und Lust hatte, klingelte. Und Gleichgesinnte kamen in den folgenden Jahren – mal mehr, mal weniger – zusammen.

Fast ein halbes Jahrhundert später auf dem Höhepunkt der Corona-Krise steht das öffentliche Leben still – die Nachbarschaftshilfe erlebt eine Renaissance: Eltern organisieren 2020 per *WhatsApp-Gruppen* Nachbarschaftshilfen zur (Not-)Betreuung ihrer Kinder. Online werden im sozialen Netzwerk Videos veröffentlicht, die *Hilfesuchende und Helfer* zusammenbringen. Engagierte Menschen übernehmen in Kirchengemeinden *Patenschaften für Nachbarschaftshilfen*. Wie zu Zeiten des Hochwassers an Rhein, Elbe und Oder rücken Menschen enger zusammen und helfen sich in Notlagen. So entstand damals der Name „Generation Sandsack" für die besonders engagierte junge Generation.

In Notzeiten werden *Kreativität und Solidarität* aktiviert, wenn es darum geht, Hilfsbedürftigkeit und Hilfsbereitschaft zu vereinen. Jetzt sind es die *Helden des Alltags* (Ärzte, Pflegekräfte, Erzieher u. a.), die aktiv zur Krisenbewältigung beitragen. Es sind aber auch die unmittelbaren Nachbarn, die als Helfende Hände agieren. *Zusammenhalt durch Zu-*

sammenrücken: *Das Comeback der guten Nachbarn sorgt für Sicherheit im Alltag.* Insbesondere Alleinstehende und Alleinlebende profitieren von guten Nachbarschaftsbeziehungen. Ohne den Rückhalt von Familienangehörigen in Haus und Wohnung sind sie auf die gelegentliche Hilfe der Nachbarn angewiesen. Die *Hilfeleistungsgesellschaft lebt.* Über drei Viertel der Bundesbürger sagen von sich selbst: „Ich stehe heute schon Verwandten, Freunden und Nachbarn öfter für Hilfeleistungen zur Verfügung." Nachbarn können wie ein Hilfskonvoi sein. Das Gefühl breitet sich aus: Mir wird geholfen, wenn ich auch anderen helfe.

Den hilfsbereiten Nachbarn gibt es – wenn man selbst etwas dafür tut. Nachbarschaftliche Kontakte entstehen durch Nebeneinanderwohnen, durch Begegnungen im Flur, auf der Treppe oder vor der Haustür, im Hof oder Garten, im Austausch von Begrüßungsformeln und Neuigkeiten, beim Einkaufen im Laden oder beim Spaziergang auf der Straße. Nachbarschaftliche Kontakte entstehen aber gleichermaßen aus Konflikten, aus Ärger und Streit. Kinder und Lärm sind ebenso Ursachen nachbarschaftlichen Ärgers wie Neid, üble Nachrede und Gehässigkeiten, Einmischen in private Angelegenheiten oder aufdringliches In-den-Kochtopf-Gucken. Obwohl nach Meinung der Bewohner die Knüpfung neuer Kontakte relativ leicht möglich ist, werden in der Regel neue Kontaktchancen nur zögernd angenommen. Dahinter steht die Angst vor eventuell auftretenden Reibungen und Konflikten. Als Katalysatoren neuer Kontakte kommt den Bekannten und Verwandten eine besondere Bedeutung zu. Auch das Einkaufen in kleinen Läden hat kontaktvermittelnde Funktion. Wesentlich hierbei ist die *Unverbindlichkeit*, die aktive Kontaktsuche ebenso ermöglicht wie Zurückhaltung bei der Bekanntenwahl.

Bis zur Jahrtausendwende hatte die Wohnung weitgehend Inselcharakter. Ihre Lebensqualität wurde daran gemessen, ob sie maximale Abgeschiedenheit, Sicherheit (vor Eindringlingen), Schutz (vor Nachbarblicken) und Reizarmut (keine Kinder in der Nähe, gute Geräuschisolierung) gewährte und garantierte. Als Ersatz für die Abriegelung nach außen galt der Konsumreichtum von innen: Die Wohnung wurde zur Konsumfläche umgestaltet. Der kleinfamiliäre *Privatismus* regierte. *In der Krise hingegen wuchs die Bereitschaft der Bevölkerung zur Ge-*

meinschaft auf Gegenseitigkeit. Die Bürger entwickelten ganz konkrete Vorstellungen, in welchen Bereichen sie sich engagierten. Im Einzelnen waren dies Telefondienste, soziale Fahrdienste wie z. B. Essen auf Rädern oder Lotsendienste wie Begleitung von Patienten zu Therapien. Und das alles auf freiwilliger Basis und ohne Zwang. Die systematische Pflege der Kontakte sowie die Fähigkeit, sich selber zu *beschäftigen*, werden die wichtigsten *mentalen und sozialen Vorsorgemaßnahmen* für die Zukunft sein, die nicht krisenfrei bleibt. Für die Zukunft wird es unerlässlich sein, das natürliche Hilfspotential zu aktivieren, damit Nachbarn *als freiwillige Helfer* und verlässliche Freunde gewonnen werden können.

4. Helferbörsen im Wohnquartier. Freiwillige Hilfeleistungen sind gefragt

Nach dem Amoklauf in Winnenden, bei dem im März 2009 ein ehemaliger Schüler 15 Menschen getötet hatte, richtete der baden-württembergische Landtag einen Sonderausschuss ein. Eine der ersten Forderungen des neuen Aktionsbündnisses war die *Schaffung eines neuen Schulfachs „Sozialkompetenz"*, das versetzungsrelevant werden sollte. Damit könnte beides – das Selbstwert- und das Gemeinschaftsgefühl der Schüler – gestärkt werden: *Ein Einserschnitt ohne Sozialkompetenz sollte in Zukunft nicht mehr die wichtigste berufliche Empfehlung sein können.* Aus der bloßen Addition Ich-bezogener Spitzenleistungen ließen sich auf Dauer keine Team-Leistungen entwickeln.

„*Ich will nicht Stifter, sondern Anstifter sein.*" Mit diesen Worten hatte sich Kurt A. Körber, ein Mäzen in Hamburg, einen Namen gemacht, weil seinen Worten auch soziale Taten folgten. „Anstiften!" – das ist auch für mich ein Leitmotiv des Handelns und Forschens – sowohl im privaten als auch im beruflichen Bereich. Im Osten Hamburgs gibt es im Stadtteil Lohbrügge das *Mehrgenerationenhaus „brügge"* für das ich vor über zehn Jahren die Patenschaft übernommen habe. Ich wollte aber nicht nur Hauspate „spielen": Mein Patengeschenk war die Einrichtung einer *Helferbörse für Jung und Alt*. In Kooperation mit dem benachbarten Gymnasium und der Stadtteilschule wurde ein soziales Leuchtturm-Projekt gefördert, in dem alle allen helfen und Hilfe in Anspruch nehmen können.

In dieser Helferbörse können seither mit Unterstützung der Lehrerschaft Schüler ab der achten Klassenstufe lernen, was für ihr künftiges Leben neben der beruflichen Qualifizierung am wichtigsten ist: *Soziale Kompetenz und Verantwortungsübernahme*. Für ihr freiwilliges Engagement erhalten die Schüler am Ende des Schuljahrs ein Zertifikat über geleistete soziale Stunden – als Anlage zum Schulzeugnis: Ein Bonus bei beruflichen Einstellungsgesprächen, der manche schulischen Defizite ausgleichen hilft. Die Schüler werden in Einführungsgesprächen auf ihre Aufgabe als Helfer vorbereitet und nehmen auch an Erste-Hilfe-Kursen teil. Sie üben ihre Helfertätigkeit grundsätzlich zu zweit als *Helfer-Tandem* aus, so dass sie sich auch in möglichen kritischen Situationen gegenseitig unterstützen können.

Im Rahmen der Freiwilligenarbeit in der „Helferbörse" veränderte sich die Haltung der Jugendlichen grundlegend. Die jugendlichen Helfer wollten und sollten zwar *für andere da sein* – anfangs allerdings mit erheblichen Vorurteilen und Berührungsängsten: *„Alten Leuten helfen? Das ist uncool"*. „Wer gibt sich schon mit alten Leuten ab?" „Alte Leute sind uncoole Leute." „Bei Großeltern ist das etwas Anderes; da bekommt man meistens Geld." Mit der Dauer und Intensität des freiwilligen sozialen Engagements kam es zum Einstellungswandel: „Doof, nur eigenen Nutzen daraus zu ziehen. Macht doch Spaß." „Meine Freunde sehen nicht, was für Freude das bringt." „Jetzt duzen wir uns sogar." Mit Beginn der Corona-Krise musste die Helfertätigkeit wegen der Kontaktsperren und Abstandsgebote vorübergehend eingestellt werden – mit der Folge: Einige Jugendliche meldeten *Entzugserscheinungen* an. Sie vermissten die regelmäßigen Helferkontakte.

Die Kommunikation zwischen Jung und Alt erreicht teilweise traumhafte Dimensionen. Die jungen Betreuer haben mitunter den Eindruck, als würden sie sich „schon ewig kennen". Und Ältere wissen beim Besuch der jungen Helfer zu berichten: „Es ist ein Gefühl wie Weihnachten und Ostern zusammen." Am Ende des Schuljahrs bekommen die Helfer eine besondere Urkunde ausgehändigt, in der das soziale Engagement bescheinigt und gewürdigt wird.

Der Name Helfer„börse" bringt zum Ausdruck, dass auch freiwillige Helferdienste einem Markt von Angebot und Nachfrage gleichen. Anbieten und Nachfragen, Geben und Nehmen gehören zusammen. Die Helferbörse ist ein Dienst von und für Menschen – und kein Geschenk des Himmels.

> *„Wir brauchen in Zukunft freiwillige Helferbörsen in Nachbarschaft und Wohnquartieren, bei denen sich Jung und Alt gegenseitig unterstützen und helfen können."*
> (O.I.Z 2020: 81%)

Am meisten sprechen sich Familien mit Kindern (91%) für freiwillige Helferbörsen in Nachbarschaft und Wohnquartier aus, während Singles dafür deutlich weniger zu begeistern sind. Ebenso wenig überraschend ist die Tatsache, dass sich Frauen sozial sensibler und motivierter zeigen (83%) als Männer (78%). Helferbörsen sind eine soziale *Brücke für alle Lebensalter*: Rollstuhlausfahrten und Einkaufshilfen, Begleitung zu Arztbesuchen sowie Hilfen rund um den PC gehören dazu. Die Schüler lesen den Senioren aus der Zeitung vor, helfen im Haushalt oder bei der Handybedienung. „Solche Hilfen wünsche ich mir auch, wenn ich einmal alt bin", meint eine 16-jährige Schülerin. Die Motivation der Jugendlichen ist ganz unterschiedlich. Freimütig bekennen einige: *„Wir helfen gerne."* Dabei geht es nicht nur um selbstloses Tun. Geradezu bewundernd bekennen sie: *„Wir werden respektiert"* – als wären sie schon Erwachsene. Sie werden als Helfer wie Erwachsene auf gleicher Augenhöhe ernst genommen. Das macht sie stolz und selbstbewusst.

Die Helfertätigkeit kann für die jungen Helfer zu einer wichtigen Lebenserfahrung werden. Sie meistern die Aufgabe gemeinsam – als Tandem. Das gibt Sicherheit, zumal die Älteren geradezu entgegenkommend sind: Kekse und Getränke stehen schon bereit. Und wenn wegen schlechten Wetters ein Ausgehen nicht möglich ist, „müssen" sie gemeinsam neue Spiele lernen („Hiergeblieben. Ich bringe Euch jetzt

Canasta bei"). Manchmal bekommen sie auch „Tipps für's Leben". Die Lehrerschaft ist begeistert. Denn die Helferbörse wird zum *Kommunikationstraining für Schüler* – vom Zuhören und Miteinanderreden bis zur Rücksichtnahme und der Einhaltung von Pünktlichkeitsregeln. Daraus folgt für die Zukunft: Die Bereitschaft zur Mitarbeit in freiwilligen Helferbörsen ist groß. Doch vielfach fehlen noch die *infrastrukturellen Voraussetzungen* in jeder Gemeinde – vom Helferzentrum bis zur Helferberatung. *Zeit schenken* kann eine neue Währung fürs Leben werden.

5. Aus Mitgliedern werden Mitmacher. Initiativen verdrängen Institutionen

Klassische Sozialkarrieren, bei denen Mitgliedschaften, Ämter und Funktionen in Organisationen von den Eltern an die Kinder weitergegeben wurden, sterben langsam aus. Die Tradition, z. B. seit Generationen beim Sport- oder Gesangverein, bei der Freiwilligen Feuerwehr, der Diakonie oder der Arbeiterwohlfahrt aktiv zu sein, gerät immer mehr in Vergessenheit (vgl. Zimmer/Priller 1997, S. 260ff.). Gleichzeitig nimmt die Attraktivität von Organisationen wie z. B. Greenpeace, Attac oder Amnesty International zu, weil hier neue Ziele und aktuelle gesellschaftsrelevante Werte propagiert werden, die insbesondere für die jüngere Generation eine große Anziehungskraft besitzen. Hier können sie noch *Anwender-Demokratie* erleben und echte Mitverantwortung übernehmen, also Subjekt ihres Handelns sein und bleiben.

In den letzten Jahren haben sich neue Organisationsstrukturen mit individuellem und informellem Charakter entwickelt. Netzwerke Gleichgesinnter wie z. B. Fridays for Future entstanden auf breiter Ebene, also offenere und weniger instrumentalisierte Organisationsformen, die Spontaneität zulassen und mehr dem Leitbild des Freundeskreises gleichen. Diese informellen Netzwerke ermöglichen einerseits neue Formen der Solidarität, sind aber andererseits weniger stabil und nicht auf Dauer oder Lebenszeit angelegt. Vor allem die jüngere Generation findet an *Spontan-Gruppierungen* Gefallen. Individualisierung innerhalb und außerhalb von Organisationen ist gefragt.

> *„Die Bedeutung von Bürgerinitiativen und Mitmachbewegungen wächst, während gleichzeitig Kirchen, Parteien und Gewerkschaften immer weniger Mitglieder haben."*
> (O.I.Z 2020: 77%)

Drei Viertel der Deutschen (77%) zeigen Verständnis dafür, dass Bürgerinitiativen bedeutender werden und Kirchen, Parteien und Gewerkschaften immer weniger Mitglieder haben – die Westdeutschen (78%) mehr als die ostdeutsche Bevölkerung (71%). *Das Informelle wird das neue Individuelle.*

Mit der Neigung, den Begriff „Ehrenamt" zunehmend durch „Freiwilligenarbeit" zu ersetzen, besteht allerdings auch die Gefahr, dass die Verbindlichkeit für das soziale Engagement sinkt, während gleichzeitig der *Anteil spontaner Helfer immer größer* wird. Spontaneität schließt Kontinuität weitgehend aus, vor allem bei der Jugend. Hilfsbereite Egoisten oder berechnende Helfer: Ist das die neue Generation der Ehrenamtlichen? Es gibt immer weniger selbstlose stille Helfer. Die Übertragung von Verantwortlichkeit und leitenden Funktionen wird schwieriger. Es dominiert zusehends das Informelle, Unverbindliche und Nicht-Verpflichtende – *spontan und zeitlich begrenzt* (vom einmaligen Aushelfen bis zur mehrtägigen Mitarbeit bei der Planung einer Aktion oder Veranstaltung). Nur die wenigsten Freiwilligen sind noch bereit, Mitglieder auf Dauer zu werden. Sie wollen sich nicht binden und schon gar nicht unter Zeitdruck setzen lassen. Und „drücken" sich gerne vor *lästigen Verpflichtungen.*

Das Zeitalter der Individualisierung hat insbesondere bei der jungen Generation seine Spuren hinterlassen. Jugendliche wollen ihre Freizeit *erleben*. Soziale Verpflichtungen beeinträchtigen offensichtlich die spontane Lebensfreude. Mit der wachsenden Kommerzialisierung des Lebens kann durchaus die *Entsolidarisierung* im Alltag zunehmen. In Zukunft müsste aus der sozialen Last wieder eine soziale Lust werden, damit Engagement attraktiver werden kann. Mitglieder dürfen nicht länger das Gefühl haben, ‚einverleibt' zu werden. Sonst glänzen sie durch Abwesenheit. Für sie muss soziales Engagement Erlebnischarakter haben – sonst steigen immer mehr aus.

6. Bürger wollen eine bessere Gesellschaft schaffen. Konturen einer neuen Mitmachgesellschaft

Nach der Evolutionstheorie helfen Säugetiere ihren nächsten Verwandten am meisten. Unter ihnen gibt es eine Tierart, die zu den kooperativsten Säugetieren der Welt zählt und *Hilfsbereitschaft auch unabhängig vom Verwandtschaftsgrad* praktiziert. Diese Tierart bewohnt in großen Kolonien das afrikanische Busch- und Savannenland, ist überaus gesellig und lebt in ständigem Stimmkontakt. Die knapp dreißig Zentimeter großen Lebewesen heißen: *Erdmännchen*. Alle Erdmännchen übernehmen ganz selbstverständlich *soziale Aufgaben in ihrer Gruppe* und beteiligen sich an der Nachwuchsbetreuung – auch unabhängig davon, ob sie mit dem Nachwuchs verwandt sind oder nicht. Selbst Erdmännchen, die keine Nachkommen haben, widmen ihr Leben ganz oder teilweise der Betreuung von fremden Jungen: Sie füttern sie oder übernehmen Wächteraufgaben. *Sie profitieren davon, in der Gemeinschaft zu leben*, weil dadurch ihre *Lebens- und Überlebenschancen steigen*. Die Tierwelt macht es uns Menschen schon lange vor.

Das Millenniumsfieber um 2000 war der Höhepunkt einer Spaß- und Singlegesellschaft in der gesamten westlichen Welt. Die internationale Sozialforschung sprach seinerzeit vom „bowling alone"-Phänomen (vgl. Putnam 2000): *Jeder schob seine Kugel allein.* Die Individualisierung schien grenzenlos zu sein. Ein Kollaps des Gemeinwesens („collapse of community") wurde befürchtet. Der soziale Zusammenhalt drohte verloren zu gehen. Doch spätestens seit der Corona-Krise sind die westlichen Lebensideale der letzten 30 Jahre immer fragwürdiger geworden. Die Krise hat dieses Umdenken noch verstärkt: *Aus dem „bowling alone" kann ein „bowling together" werden.* Egoisten haben dann keine große Zukunft mehr.

Mit der tendenziellen Verlagerung von staatlicher Macht zu mehr Eigenverantwortung der Bürger verändert sich das Verständnis von Solidarität. *Solidarität im 21. Jahrhundert bedeutet auch: Für sich selbst sorgen, um anderen nicht zur Last zu fallen.* Solidarität hat mehr mit Eigenvorsorge und Eigenverantwortung und weniger mit Nächstenliebe und Opferpathos zu tun. Es deutet sich eine Art *Rückkehr zu den Partizipationsidealen der 70er Jahre* an – allerdings wesentlich anders motiviert und begründet:

- In den 70er Jahren wurde die Partizipation auf dem Höhepunkt der wirtschaftlichen Entwicklung als Aufforderung an satte Wohlstandsbürger verstanden, einen Teil des geschenkten Zeitwohlstands in das soziale System zu reinvestieren.
- Heute ist die Partizipationsdiskussion sehr viel existentieller begründet – aus Sorge um die *Ausgrenzung sozialer Gruppen* und auch aus *Angst vor dem Zerfall der Gesellschaft*. Partizipation muss jetzt regelrecht von den Bürgern eingefordert werden, weil die soziale Infrastruktur (z. B. Kinderbetreuung, Altenpflege) als immer lückenhafter empfunden wird.

Alle sollen und müssen sich in Zukunft stärker engagieren, damit sie sich auf dem Arbeitsmarkt und in ihrem sozialen Umfeld besser behaupten können.

> *„Ich wünsche mir eine bessere Gesellschaft und will auch mithelfen, eine bessere Gesellschaft zu schaffen."*
> (O.I.Z 2020: 81%)

Eine bessere Welt hinterlassen: Wer wünscht das nicht seinen Kindern? *Nicht reden – machen!* Auf diesen Nenner lassen sich die Wünsche von Eltern bringen, die sich im Interesse ihrer Kinder (88%) dafür einsetzen, eine bessere Gesellschaft zu schaffen und dabei auch selbst mithelfen wollen. Überraschend hoch ist der Wunsch bei den Bewohnern im ländlichen Raum ausgeprägt (88%). So gesehen zeichnen sich die *Konturen einer neuen Mitmachgesellschaft* ab, in der man für sich selbst und für andere etwas tut. Der hohe Zustimmungsgrad lässt darauf schließen, dass mit diesem Anliegen auch eine Sinnfrage verbunden ist: *Wissen, wofür man lebt!*

Solidarität entwickelt sich tendenziell wieder zu dem, was sie ursprünglich in der europäischen Arbeiterbewegung des 19. Jahrhunderts einmal war: Zu einer *Erfahrung des Aufeinander-Angewiesenseins*, bei der sich Eigen- und Gemeinnutz miteinander verbinden und weniger eine Frage von Pflicht und Moral, Fürsorge und Nächstenliebe sind (vgl. BUND/Misereor 1996, S. 278). Mehr Bestand und Verlässlichkeit können Hilfsbereitschaft und Solidarisierung allerdings erst dann bekommen, wenn sie *als Freiwilligenarbeit gesellschaftlich anerkannt* werden. Wer sich für gemeinnützige Arbeiten engagiert, darf sich nicht ausgenutzt oder ausgebeutet fühlen. Eine aktivierende Kommunalpolitik muss daher Anreize, Anerkennungen und Honorierungen schaffen, die dem *Geldwert* der Arbeit relativ *nahe kommen* oder ihn vergessen machen.

Die Bevölkerung benötigt von der Politik mehr Vorsorge, vor allem die aktivierende Unterstützung gemeinnütziger Tätigkeiten und sozialer Engagements wie z. B. die Förderung von *Helferbörsen in Wohnquartieren*. Die Bürger können und wollen sich mehr helfen – wenn man sie nur lässt und dabei infrastrukturell unterstützt. Dies trifft vor allem für Bevölkerungsgruppen zu, die mehr als andere auf solche Hilfen angewiesen sind, wie z. B. Ältere. Den Bürgern wird zunehmend klar: *Die Dienstleistungsgesellschaft kostet Geld, die Hilfeleistungsgesellschaft spart Geld.*

So gesehen wird die *Einführung eines Freiwilligen Sozialen Jahrs für alle Generationen* immer dringlicher – also nicht nur für Jugendliche und junge Leute, sondern auch für Jungsenioren und Senioren. Auf freiwilliger Basis heißt natürlich, dass ein solches Angebot attraktiv sein muss, damit es motiviert und engagiert wahrgenommen werden kann. Solche *attraktiven Anreize* – von Sozialabzeichen über Vergünstigungen bis zu Steuererleichterungen – müssen bald geschaffen werden – sonst „droht" eines Tages ein soziales Pflichtjahr zur „befohlenen" Versorgung und Betreuung zu werden.

Freiwillige soziale Dienste sind wichtig, weil sich der Staat – schon aus finanziellen Gründen – aus vielen sozialen Bereichen zurückzieht.

Etwa jeder zehnte Hauptschüler verlässt derzeit die Schule ohne Schulabschluss und hat auch kaum Chancen, eine Lehrstelle zu finden. Wenn in der neunten oder zehnten Klasse die *Sozialkompetenz durch Projekte mit Ernstcharakter gefördert* würde, hätten diese Absolventen Mut und Motivation genug, um sich vorübergehend sozial zu engagieren. Aus ehemals Un- und Angelernten könnten so vielleicht *neue Helfer- und Assistenzberufe im sozialen Bereich* werden. Es kommt also alles darauf an, bei der Förderung von Freiwilligendiensten den Motivationsaspekt vorrangig im Blick zu haben. Statt immer nur von sozialer Verpflichtung zu reden, sollte eher das Gefühl vermittelt werden, an einer wichtigen Aufgabe beteiligt zu sein, einen sinnvollen Beitrag für das Gemeinwohl zu leisten, neue private Kontakte zu finden, sich von der Begeisterung der anderen Freiwilligen mitreißen zu lassen und so mit Freude dabei zu sein: Es macht Spaß und bringt auch Anerkennung, wenn man anderen hilft.

Wo der Pflichtgedanke stirbt, stirbt die Kultur – dieser kulturpessimistische Satz des Philosophen Eduard Spranger (1989) ist überholt: Die Menschen lassen sich nicht mehr vereinnahmen. Sie nehmen sich selbst in die Pflicht und machen aus einer Selbstbetätigung eine Selbstbestätigung: *„I did it"* und *„Ich war dabei!"* Vielleicht wird in Zukunft die Aussage Sprangers durch das Wort des indischen Philosophen und Nobelpreisträgers (1913) Rabindranath Tagore verdrängt: „Ich schlief und träumte, das Leben wäre Freude. Ich erwachte und sah, das Leben war Pflicht. *Ich handelte – und siehe, die Pflicht war Freude."*

7. Arbeiten zwischen Homeoffice und Netzwerken. Berufs- und Privatleben nähern sich an

Es geht das Gerücht, dass auf den Vorstandsetagen in Unternehmen die Frage kursieren soll: „Wer hat in unserem Unternehmen die Digitalisierung vorangetrieben?" – Erste Antwort: „Die Geschäftsführung". – „Nein" – Zweite Antwort: „Die IT-Abteilung" – „Nein" – „Wer dann?" – „Corona natürlich." Hat die Krise die Arbeitswelt digital verändert? Noch im Herbst 2019 hatte das Weltwirtschaftsforum (WEF) im globalen Wettbewerbsbericht kritisiert, dass das Glasfasernetz und die mobilen Breitbandanschlüsse zu langsam und zu wenig ausgebaut seien. Hat Corona wirklich den großen Digitalisierungsschub für Deutschland gebracht und die Arbeitswelt umgekrempelt?

Homeoffice, das Arbeiten von zu Hause aus, wurde auf breiter Ebene geboren und realisiert. Nach der Diskussion um „menschenleere Fabriken" und „papierlose Büros" wird nun in den Unternehmen auch über „New Work" und „Work-Life-Balance" in den Unternehmen ernsthafter nachgedacht werden, weil insbesondere die nächste Karrieregeneration *veränderte Zeit- und Qualitätsansprüche* an die Arbeit stellt. *„Präsent" und „Digital" ergänzen sich.* Die unternehmerische Botschaft in vielen Büros und Betrieben lautete bisher: „Wir sind alle gleich wichtig" oder: „Jeder macht alles." Damit verbunden war die radikale Forderung: Hierarchien gehören abgebaut. Flache Hierarchien seien doch gefragt, Konflikte würden konsensuell gelöst und die kreative Auseinandersetzung fände nur noch im Kollektiv statt. Die Realität der Arbeitswelt sah oft ganz anders aus. Unternehmen und Mitarbeiter machten die Erfahrung: Teamarbeit wurde öfter beschworen als gelebt. Nicht selten spielte dieser Begriff im Arbeitsalltag nur eine *taktische Rolle*: Er suggerierte Modernität und überdeckte Interessengegensätze zwischen Mitarbeitern (vgl. Reppesgaard 2003). Teams konnten mitunter einen größeren Druck auf den Einzelnen erzeugen als starre Hierarchien. Nicht selten wurden Teams zu einem *Instrument der sozialen Kontrolle* umfunktioniert.

Hierarchie und Teamarbeit sind derzeit für die Arbeitnehmerschaft *keine Gegensätze* mehr. Arbeitnehmer wollen einen klar definierten Handlungsrahmen, der ihnen genügend Spielraum und Entscheidungsfreiheit zu Einzel- und/oder für Teamleistungen lässt. Nur so ist es erklärbar, dass Arbeitnehmer den Gruppenerfolg höher einschätzen als die Einzelleistung. Im Berufsleben heute ist beides gefordert: *Selbstständigkeit und Teamfähigkeit*. Je nach Arbeitsauftrag ist mal mehr die eine und mal mehr die andere Fähigkeit gefordert – und im Idealfall beides gleichzeitig. Der ideale Mitarbeiter muss ein vielseitiger Unternehmer am Arbeitsplatz sein können, der allein und/oder kooperativ mit anderen klar definierte Aufgaben erledigt oder delegiert. Effektivität und

Produktivität ergeben sich aus den Schnittstellen beider Kompetenzbereiche. Teamarbeit ist notwendig, aber kein Allheilmittel.

Am Ende zählt die *Einzelleistung im Team*: Dies ist eine neue Doppelkompetenz, die Einzelkämpfertum genauso verhindert wie bloßes Untertauchen im Team. Die Zeiten, in denen der Teamgedanke kolportiert wurde (Team ist die Abkürzung für: „Toll, ein anderer macht's") sind vorbei. Die Hierarchie ist kein Auslaufmodell – und der Teamgedanke lebt trotzdem weiter.

> *„Arbeitsgruppen, Teams und Netzwerke werden im Berufsleben immer wichtiger."*
> (O.I.Z 2020: 86%)

Teamarbeit soll nach dem Willen der Beschäftigten Ausdruck einer funktionierenden Unternehmenskultur bleiben, weil sie Kooperation, Koordination und klare Spielregeln verkörpert. Nur so ist die hohe Zustimmung (86%) für die Aussage zu erklären: „Arbeitsgruppen, Teams und Netzwerke werden im Berufsleben immer wichtiger." Vor allem die junge Generation unter 35 Jahren macht sich für den Gedanken einer sozialen Arbeitswelt stark (89%): *Aktiv, kreativ und sozialorientiert* will die kommende Karrieregeneration arbeiten. Der Spaß an der Arbeit soll mit Sinn und Sozialem verbunden sein. So gesehen bestätigt sich meine Prognose aus dem Jahr 1988 (!) über die Zukunft der Arbeit: „Kleine und überschaubare Arbeitseinheiten sind wieder gefragt, partizipative Netzwerke und workshop-Teams" (Opaschowski 1988, S. 23). In der Arbeit wollen die Beschäftigten eine Selbstständigkeit praktizieren, die Fleiß und Leistung ebenso herausfordert wie Kreativität und individuellen Gestaltungswillen.

Wird aus dem *Home-Office-Notstand* ein *Zeit-Arbeits-Wohlstand*? Konzentriert arbeiten können und Zeit zum Leben haben soll kein Widerspruch mehr sein. Der neue Arbeitnehmertyp will am liebsten *Zeitpionier und Jobnomade* sein, selbst wenn dies mit einer Einkommensminderung verbunden sein kann.

So verkündet beispielsweise Google selbstbewusst den *digitalen Aufbruch:* Die Digitalisierung „zwingt" zum Umdenken und „rüttelt" unser Leben durch. Vorbehalte von Eltern und Lehrern werden „abgebaut". Und einige Unternehmen „erfinden" sich neu (Google Aufbruch Nr. 20/ 2020). Das ist die Wunschvorstellung der IT-Branche, aber das große Umdenken der „ganzen" Gesellschaft findet nur langsam statt. Zu groß ist noch die Skepsis.

Homeoffice hat sich übrigens während der Corona-Krise nicht nur als Arbeitsform mit mehr Freiheits- und Dispositionsspielräumen bewährt. Belastend kamen neue Kontrollmechanismen hinzu: Die Erwartung ständiger Erreichbarkeit. Und auch das stundenlange Tragen von Kopfhörern und Headsets wurde zur physischen Belastung. Die *Digitalisierung der Arbeitswelt* hat mehr Zeitdruck und Leistungsverdichtung zur Folge, trägt aber andererseits auch zu einer Verbesserung der Arbeitsbedingungen bei – von flexiblen Arbeitszeitmodellen bis zur schnellen und effektiven Kommunikation. Und: Je jünger die Beschäftigten sind, „desto positiver ist die Einschätzung des Einflusses neuer Technologien" (Reinhardt/Popp 2018, S. 65). Dies ist sicher noch keine Revolution, aber ein Hoffnungsfaktor für die Zukunft. Vielleicht wird es in Zukunft *neue Teams aus Menschen und Maschinen* geben, die nicht wie im 19. Jahrhundert die Kutscher, die fortan Taxi fuhren, arbeitslos gemacht haben (Harari 2018, S. 57), sondern die Pferde, die aus dem Arbeitsmarkt gedrängt wurden.

Die Corona-Krise wird die Arbeitswelt nachhaltig verändern – vor allem in den Büroberufen. Immer öfter werden sich *flexiblere Arbeitszeit- und Arbeitsortregelungen durchsetzen.* Die Krise hat schließlich gezeigt: Flexibel heißt auch effektiv. Immer mehr Beschäftigte werden wenigstens einen Tag in der Woche von zu Hause aus arbeiten wollen. Nicht selten wird es ein Freitag sein. Die Beschäftigten fiebern dann dem Tag entgegen mit dem Ausspruch: *„Save God, it's Friday!"* Selbst in der kommunalen Selbstverwaltung wird umgedacht und umgeplant. Rostocks Oberbürgermeister Madsen verkündete im Mai 2020: „Der Mindset ist jetzt da. Jeder fünfte Beschäftigte kann *künftig mobil arbeiten.*" Dies gilt sicher nicht für alle. Beschäftigte mit höherer Bildung und höherem Einkommen dominieren.

Im Zeitalter der Digitalisierung gilt die Arbeitswelt 4.0 als Chiffre für die vierte industrielle Revolution. Davor gab es die Arbeitswelt 3.0 mit dem Einsatz von Elektronik und IT zu Beginn der siebziger Jahre, 2.0 mit der Einführung des Fließbands Ende des 19. Jahrhunderts sowie 1.0 mit der Erfindung des mechanischen Webstuhls und mechanischer Produktionsanlagen Ende des 18. Jahrhunderts. Der technologische Wandel ist immer auch mit einem strukturellen Wandel in der Arbeitswelt verbunden. So breiten sich heute atypische Beschäftigungsverhältnisse in Deutschland aus. Es gibt *so viele Zeitverträge wie noch nie*. Gebrochene *Erwerbsbiographien werden Normalität*: Fulltime-Jobs, Elternzeit, Teilzeitarbeit, Homeoffice, Kurzarbeit, Arbeitslosigkeit, Pflegezeit, Zweite Karriere, Berufswechsel und Rente mit 63, 65 oder 70. Das ist die Wirklichkeit. Geht dabei wertvolle *Familienzeit* verloren? *Die vielen Job- und Berufswechsel werden die Familien und insbesondere die Frauen am meisten zu spüren bekommen.*

Das soll sich in Zukunft ändern. Auch die Männer wollen sich stärker in die Vereinbarkeitsdiskussion von Familie und Beruf einmischen. Davon profitieren schließlich beide Geschlechter. Frauen müssen sich nicht immer vielteilen zwischen Beruf und Familie und Männer können mehr Verantwortung für die Erziehung und Betreuung der Kinder übernehmen. *Erwerbstätigkeit und Familienmanagement* sind dann *Frauen- und Männersache.*

> *„Die von der Politik geforderte Vereinbarkeit von Beruf und Familie muss für Frauen und Männer gleichermaßen gelten, damit auch die Männer Kinderbetreuung zu Hause leisten können."*
> (O.I.Z 2020: Januar 80% – Juli 84%)

Die unterschiedlichen Auffassungen zwischen den beiden Geschlechtern sind nach wie vor vorhanden. Die Corona-Krise hat die Diskussion über die Vereinbarkeit von Beruf und Familie neu belebt. Die berufstätigen Frauen fordern mit Nachdruck und wachsender Tendenz (Januar 2020: 83% – Juli 2020: 91%) die Vereinbarkeit von Beruf und Familie ein. Auch bei den Männern wächst die Bereitschaft, Kinderbetreuung zu Hause zu leisten (Januar 2020: 77% – Juli 2020: 83%). Ein relativ reibungsloser Rollenwechsel hat in der Partnerschaft begonnen.

Karrieren sind bisher weitgehend Männerkarrieren gewesen. Mit der wachsenden Erwerbstätigkeit der Frauen und besseren Vereinbarkeit von Beruf und Familie wird der *Karrierebegriff neu definiert*. Karrieren werden in Zukunft nicht mehr nur eindeutig als „Laufbahnen" verstanden, die man möglichst schnell durchläuft – vergleichbar dem Fachbegriff „Karriere" im Pferdesport, der „die schnellste Gangart" beschreibt. *Das männlich geprägte Bild vom schnellen Erklimmen der Karriereleiter überholt sich.* „Ich will mehr Zeit für mich" – diese Forderung gab es bisher eigentlich nur bei Frauen. In Zukunft werden auch Männer sensibler werden und weibliche Lebensziele übernehmen müssen, so dass Privates wieder genauso wichtig wie Berufliches wird. Das Privatleben soll seinen Inselcharakter verlieren. Die neue Karrieregeneration wählt mehr die *Form der „sanften Karriere",* will ebenso leistungsmotiviert, zielstrebig und erfolgsorientiert sein, lässt sich aber nicht mehr nur von „harten Prinzipien" wie Geld, Macht und Aufstiegsstreben leiten. Sie hat Freude am Erfolg und an der Verwirklichung eigener beruflicher Vorstellungen, aber auch an einem erfüllten Privatleben.

Berufstätige setzen in Zukunft mehr auf das Gleichgewicht von Berufs- und Privatleben: *Balancing heißt das Lebenskonzept.* Auch Männer sind dann nicht mehr bereit, um des beruflichen Erfolges willen die Verantwortung für Familie und Kinder – fast wie den Mantel an der Garderobe – zu Hause abzugeben. Sie favorisieren vielmehr ein ausbalanciertes Lebenskonzept, in dem kein Lebensbereich dem anderen einfach geopfert wird. Die Beschäftigten von morgen gehen bewusst auf Distanz zu einseitig karriereorientierten Lebenskonzepten. Sie setzen Zeichen für eine neue Lebensqualität: *Arbeitsfreude ist wichtig, Lebenserfüllung aber auch. Berufs- und Privatleben nähern sich an.*

8. Hilf dir selbst, bevor der Staat dir hilft. Die Anspruchshaltung verändert sich

Von Äsop, dem griechischen Dichter im 6. Jahrhundert v. Chr., ist die Aussage überliefert: „Hilf dir selbst, dann helfen dir die Götter." Es ist ein *Appell an die Selbsthilfe*, nicht zu verzagen und selbst initiativ zu werden. In den zurückliegenden Wohlstandsjahrzehnten war ‚Vater Staat' immer da, wenn man ihn brauchte. Daraus hatte sich eine *Anspruchshaltung* entwickelt: Der Staat wird's schon richten! Diese Zeiten sind vorbei. Fast drei Viertel der Deutschen (71%) ändern ihre Anspruchshaltung und erklären ihre Bereitschaft, „sich selbst mehr zu helfen und nicht alle Probleme einfach dem Staat zu überlassen". John F. Kennedys legendärer Satz in seiner Amtsantrittsrede von 1961 „Ask not what your country can do for you – ask what you can do for your country" bekommt eine neue Aktualität – mit einer wesentlichen Einschränkung: Geringverdiener sprechen sich deutlich weniger dafür aus als Besserverdiener.

> *„Die Bürger sind durchaus bereit, sich selbst mehr zu helfen und nicht alle Probleme einfach dem Staat zu überlassen."*
> (O.I.Z 2020: Januar 71% – Juli 77%)

Gut drei Viertel der deutschen Bevölkerung denken neu über ihr Verhältnis zum und ihre Abhängigkeit vom Staat nach – mit ansteigender Tendenz vor und während der Krise (Januar: 71% – Juli: 77%). *Bürgert sich in anhaltenden Krisenzeiten ein neuer Bürgersinn ein?* Immer mehr Bundesbürger wollen in Zukunft *in einer Hilfeleistungsgesellschaft leben*, in der sich die Menschen wieder gegenseitig mehr unterstützen. Eine solche Hilfeleistungsgesellschaft kann die Vorstufe zur Idee einer *Zivilgesellschaft* sein, in der Freiheit und Sicherheit garantiert und gelebt werden und einer *Bürgergesellschaft*, in der sich Bürger und Bürgerinitiativen aktiv am gesellschaftlichen Leben beteiligen können. Die Bevölkerung lebt dann sicher nicht in der besten aller Welten, aber sie kann das Beste aus ihrem Leben machen – in einer *Gemeinschaft auf Gegenseitigkeit.*

Machen wir uns nichts vor: Die traditionelle Familie – Eltern, zwei Kinder, berufstätiger Mann, Frau zu Hause und ein Hund – gibt es bald nicht mehr. So ergeben sich neue Aufgaben für eine *aktivierende Kommunalpolitik,* die die dafür notwendigen Rahmenbedingungen schaffen muss, damit aus der bekundeten Hilfsbereitschaft eine tatsächliche Helfertätigkeit wird. *Wohnungswirtschaft und Wohnungspolitik müssen umdenken* und mehr *immaterielle Infrastrukturen im Wohnbereich* fördern – vom informellen Nachbarschaftstreff bis zur Betreuung von Kindern und alten Menschen. *Quartiermanager* müssen dann das Gemeinwesen zusammenhalten. Diese Dienstleister, für die es bis heute noch keine qualifizierte Ausbildung gibt, können bald eine neue Berufsgruppe mit großen Zukunftschancen sein. Gefragt sind vor allem *soziale Dienste* für die wachsende Zahl alter, hochaltriger und langlebiger Menschen. Das Wohnungsmanagement wirkt wie ein *sozialer Kitt,* wozu Altenbetreuung, Mietschuldenberatung und Helferbörsen gehören. Ein soziales Wohnungsmanagement wird auch in ökonomischer Hinsicht erfolgreich sein können.

9. Volksabstimmungen im Trend. Mehr Macht bei politischen Entscheidungen

„Wortbruch" galt in den letzten zwei Jahrzehnten fast als Unwort in der Politik. Die Wähler hatten den Eindruck, dass das Vertrauen auf breiter Ebene schwindet, weil die Formel „wie versprochen – so gebrochen" Normalität zu werden drohte. Viele Menschen in Deutschland waren von den wirtschaftlichen und sozialen Versprechen der Politik enttäuscht. Sie verloren zunehmend das Vertrauen in die Glaubwürdigkeit von Politikern und Parteien. „Alle Macht geht vom Volke aus", so sagt man: Wenn die Macht aber bei (Berufs-)Politikern ankam, kehrte sie immer seltener zum Volk zurück. Macht machte gierig. Und was früher der Personenkult war, drohte der *Machtkult in den Parteien* zu werden. Schon vor über 70 Jahren hatte Konrad Adenauer einmal die Machtgier einen „modernen Götzendienst" (Recklinghausen August 1948) genannt. Dem Götzen der Macht werde alles geopfert – *Zeit, Geld, Glück und am Ende auch die Moral.*

Die Folgen blieben und bleiben nicht aus. Die Glaubwürdigkeitskrise der Politiker drohte in den letzten Jahren zur Vertrauenskrise der Wähler zu werden. Dramatisch zugenommen hatte nach der Jahrtausendwende der Anteil der Wähler, der glaubte, dass Politiker nicht mehr ehrlich sind und ihre Wahlversprechen meistens nicht halten. Auf breiter Ebene setzte sich in der Bevölkerung die Erkenntnis durch: „Parteien sind mehr am Machterhalt als am Wohl der Bürger interessiert." Ein vernichtendes Urteil. Als ich unlängst vor über einhundert Landtagsabgeordneten eine Stunde lang über die Zukunft der Gesellschaft referierte, meldete sich unmittelbar danach ein Politiker zu Wort mit der Frage: „Und können Sie uns sagen, wie wir mehr Mitglieder in die Partei bekommen?" Mit meinen gesellschaftlichen Zukunftsfragen war ich wohl auf der falschen Veranstaltung. So wurde und wird Vertrauen beim Wähler verspielt, wenn Machterhalt wichtiger als Daseinsvorsorge wird.

Aus der Sicht der Bevölkerung gibt es nur zwei Lösungsansätze, wie wir aus dem Dilemma von Politikverdrossenheit und Parteienkrise herauskommen: Erstens *die Macht zurückverlagern* und viel mehr Volksabstimmungen durchführen. Und zweitens sich selbst mehr helfen und nicht alle Probleme einfach dem Staat überlassen. *Mehr Volksentscheide und mehr Selbsthilfe*: Alles läuft auf eine *geteilte Verantwortung von Bürger und Staat* hinaus, bei der sich auch die Bürger wieder mehr in die Pflicht nehmen und Zukunftsprobleme wie z. B. den *Umweltschutz zur Bürgerpflicht machen*, also Zukunftslösungen nicht nur dem Staat oder der Wirtschaft überlassen. Die Verantwortungsübernahme beginnt in Familie und Nachbarschaft und setzt sich im bürgerschaftlichen Engagement in Gemeinwesen und Gesellschaft fort. Für das *Gemein-Wohl* müssen sich beide – Bürger und Staat – verantwortlich fühlen.

Ein Paradigmenwechsel zeichnet sich in Deutschland ab. Statt wie bisher nur einseitig auf den Staat zu setzen, wächst die Bereitschaft der Bürger zur Selbstbestimmung und Selbstorganisation.

> *„Es sollte viel mehr Volksabstimmungen
> für die Bürger geben."*
> (O.I.Z 2020: 74%)

Der *Gedanke der direkten Demokratie* findet in Deutschland immer mehr Anhänger. Ob es Politikern und Parteien gefällt oder nicht: „Es sollte viel mehr *Volksabstimmungen* für die Bürger geben" sagen fast drei Viertel (74%) der Bevölkerung. Wenn die Parteien den Rückhalt in der Bevölkerung behalten oder wiedergewinnen wollen, müssen sie die Interessen der Bevölkerung stärker berücksichtigen. Sonst droht ein *schleichender Vertrauensschwund*.

Die Bürger und Wähler wollen sich nicht länger zu TV-Konsumenten degradieren lassen, während sich die Politiker in Talk-Shows inszenieren. Daraus folgt: Die Politik muss den *Spagat zwischen Bürgerdemokratie und repräsentativer Demokratie* wagen. In Volksbefragungen spiegelt sich schließlich das wider, was die Bürger *gerade bewegt* oder was in der Politik *vorrangig getan* werden soll. Durch *mehr Volksabstimmungen* werden Parteien keineswegs entmachtet, lediglich daran erinnert, was eigentlich ihr Auftrag im Sinne von Artikel 21 des Grundgesetzes ist: „Die Parteien *wirken* bei der politischen Willensbildung des Volkes *mit*." Die Bürger werden in Zukunft wieder mehr darüber entscheiden wollen, *was getan werden muss*. Sie wollen Antriebsmotor für gesellschaftliche Veränderungen sein. *Sie wollen mitmischen* und die Zukunft menschlich gestalten (und nicht nur ökonomischen und technologischen Nutzen ziehen).

Stoppt! Rettet! Bekämpft! Die Bürger sagen in Zukunft öfter selbst, was den sozialen Frieden in Deutschland gefährdet: Krisen, Ängste und Sorgen wie Fremdheitsgefühle und Integrationskonflikte, Klimawandel und Umweltprobleme, Pflegekrise und Wohnungsnot, Einsamkeit und Langeweile sowie Bindungsängste und Fähigkeitsverluste. Die Deutschen wünschen sich für die Zukunft eine umfassende *Sozial-Agenda*, die ihren Namen auch verdient. Ein Sozialstaat muss Vorsorge für das *Wohlergehen aller* treffen – und wenn es sein muss auch durch die Einführung eines *sozialen Pflichtjahrs*.

Es gibt noch viel zu tun. Die meisten Sozialpolitiker traten bisher wie Finanzminister auf. Der Eindruck entstand: Es geht mehr um Geld als um Soziales: Vom Kinder-, Mütter- und Arbeitslosengeld über Mindestlohn und Bürgergeld bis zu Grundeinkommen und Grundrente. Die Zukunftsfrage kann aber nicht nur eine Geldfrage sein. Nichts Anderes meint auch die motivierende Fridays-for-Future-Bewegung: Die junge Generation will die Politik an ihre *Verantwortung erinnern*. Sie setzt andere Zeichen für die Zukunft. Die U20-Generation will bei relevanten Zukunftsfragen mehr gehört werden und mehr mitbestimmen können. Wahlen im Vierjahresrhythmus reichen in den schnelllebigen Zeiten von Globalisierung und Digitalisierung nicht mehr aus, um *bei wichtigen Zukunftsfragen Gehör zu finden* und Einfluss auf politische Entscheidungen zu nehmen.

Die Fridays-for-Future-Proteste stellen durchaus eine *neue Mitmachbewegung* im Sinne von Artikel 20 Absatz 2 des Grundgesetzes dar, wonach alle Staatsgewalt „in Wahlen und Abstimmungen vom Volke ausgeht" und Parteien bei der politischen Willensbildung lediglich „mitwirken", aber nicht allein bestimmen sollen. Die jugendlichen Protestgruppen richten sich *gegen Polit-Profis*, die sich zu verselbstständigen drohen und dabei die Interessen kommender Generationen aus den Augen verlieren. Die Jugendlichen vermissen in der Politik klare Vorstellungen darüber, *wie unsere Gesellschaft in 20 Jahren aussehen soll*.

Trotz der Ungeduld der Jugend: Stillstand ist nicht feststellbar – ganz im Gegenteil: Deutschland wird – mit der Jugend als Motor – gerade durchdigitalisiert. Die Krise hat die *Digitalisierung in der Bevölkerung mehrheitsfähig gemacht*, aber zugleich auch Defizite in der digitalen Infrastruktur aufgedeckt. Die Kampagne „Schulen ans Netz" offenbarte gravierende Schwächen. Bis zur Krise steckte der digitale Schulunterricht noch in den Kinderschuhen. Jetzt ist die Digitalisierung im Schul- (und Hochschul-)Alltag erwachsen geworden. Zugleich ist beruflich und privat eine geradezu exponentielle Entwicklung technologischer Neuerungen feststellbar. Deutschland öffnet sich für neue Digitalstrategien: Homeoffice, 3D-Druck, Big Data, Internet der Dinge und künstliche Intelligenz halten Einzug in die Betriebe. TV-Sender experimentieren vom Wohnzimmer aus mit interaktiven Streaming-Formaten. Videotelefonate in Pflegeheimen und Skypen zwischen Enkeln und Großeltern werden Normalität.

Dabei aber bleiben die Menschen weiterhin wachsam und sensibel, wenn es um die Datensicherheit ihrer Privatsphäre geht. Die Deutschen haben in der Krise *das Internet als demokratisches Massenmedium entdeckt*. Damit werden sie in naher Zukunft mehr Einfluss auf politische Entscheidungen nehmen können. Sie werden die digitalen Medien als neues Macht- und Kontrollinstrument zu nutzen wissen und es so schnell auch nicht wieder aus der Hand geben. *Die Online-Demokratie hat gerade erst begonnen.* Die Fridays-for-Future-Bewegungen finden in Zukunft nicht mehr nur freitags statt, sondern gehen täglich online weiter ...

10. Der fürsorgende Sozialstaat hat sich bewährt. Der Staat strahlt soziale Wärme aus

Als zorniger junger Mann kritisierte ich 1972 in den FRANKFURTER HEFTEN, einer Fachzeitschrift für Kultur und Politik: „Eine Gesellschaft kann nicht mehr sozial genannt werden, wenn sie sich zu ihren Schwächsten unsozial verhält. Ein *sozialer Rechtsstaat* ist verpflichtet, sich der sozial Schwachen anzunehmen und die *Fürsorge* für die zu übernehmen, die aus eigener Kraft für ihren Unterhalt nicht sorgen können" (Opaschowski 1972, S. 344ff.). Für mich war seinerzeit der Hinweis auf das *verpflichtende Sozialstaatsprinzip* eine Probe auf die Menschlichkeit einer Gesellschaft, die auch die Rechte derjenigen wahrnimmt, die es selber nicht fordern können.

Ein halbes Jahrhundert später: Mitten in der Corona-Krise befragte ich die Bevölkerung nach ihrer Meinung zur Bedeutung des Sozialstaats in Deutschland. Die O.I.Z-Umfrageergebnisse auf den Punkt gebracht: *Der Sozialstaat hat seine Bewährungsprobe bestanden.*

> *„Ich finde es gut, dass in unserem Sozialstaat auch für Menschen gesorgt wird, die aus verschiedenen Gründen ihren Lebensunterhalt nicht in ausreichendem Maß selbst bestreiten können"*
> (O.I.Z 2020: 87%)

Mit großer Mehrheit und Eindeutigkeit betont die Bevölkerung die Wirksamkeit des Sozialstaatsprinzips in Deutschland. 87 Prozent der Bundesbürger sagen: *„Ich finde es gut*, dass in unserem Sozialstaat auch für Menschen gesorgt wird, die aus verschiedenen Gründen ihren Lebensunterhalt nicht in ausreichendem Maß bestreiten können" (Ostdeutsche: 78% – Westdeutsche: 89%). Die hohe Zustimmung ist auch ein Ausdruck für *hohe Zufriedenheit* mit der Politik.

Quer durch alle Bevölkerungsgruppen ist ein hohes Vertrauen in *„unseren Sozialstaat"* feststellbar. Einen besonders großen Vertrauensbeweis demonstrieren die Bewohner im ländlichen Raum (92%). Sie fühlen sich nicht abgehängt, nicht vergessen und nicht verlassen. Sie finden es einfach „gut", dass der Sozialstaat für die „sorgt", die sich *allein nicht mehr hinreichend helfen können*. Das ist aus der Sicht der Bevölkerung verantwortliche *Für- und Vorsorge* zugleich. Politik und Politiker werden zu den Gewinnern der Krise zählen: Sie haben das Vertrauen der Bevölkerung zurückgewonnen und ein Zusammengehörigkeitsgefühl geschaffen. Dieses neue Wir-Gefühl hatte in der Corona-Krise eine mutmachende Wirkung: Der Sozialstaat wankt nicht. Der Sozialstaat kippt nicht. Der soziale Frieden im Land ist nicht gefährdet. Der Staat strahlt *soziale Wärme* aus.

Der *fürsorgende Staat* nimmt seine Pflicht zur Daseinsvorsorge und Grundversorgung sehr ernst. Er schützt die Bürger vor sozialer Not, vor Armut und vor Arbeitslosigkeit. In einer noch nie dagewesenen Krise der Gesellschaft strahlt der Staat *menschliche Wärme* aus. Die Krise ist zur gelungenen Probe auf die Menschlichkeit geworden. Der Staat hat nicht zugelassen, dass die Starken die Schwachen verdrängen oder zu Verlierern und Versagern degradieren. Der Sozialstaat hat in Deutschland bewiesen, dass er in Not- und Krisensituationen als Kümmerer leistungsfähig und nicht überfordert ist. Er ist in der Lage, Bürger vor Armut und Arbeitslosigkeit zu schützen. Er verleiht manchen Existenzgründern und Solo-Selbstständigen Flügel für das Leben und kann bei Existenzproblemen geradezu zum staatlichen Rettungsschirm werden.

Und schließlich profitiert auch die Wirtschaft vom Sozialstaat – vom Kurzarbeitergeld bis zu Staatskrediten. Manager und Unternehmer werden nach der Krise dem Sozialstaat wieder etwas zurückgeben und Gegenleistungen erbringen müssen: *Gemeinwohlökonomie* muss nach der Krise auf die Agenda der Wirtschaft. Was geben eigentlich die Gewinner der Krise wie Online-Dienste, Bau- und Supermärkte freiwillig an die Gesellschaft zurück? Wo bleibt ihr Soli-Beitrag für Solo-Selbstständige und Klein-Unternehmer, die zu den Krisenverlierern gehören? Wo bleiben zusätzliche Investitionen der Wirtschaft in „ein Gemeinwesen, das zusammenhält" (Finanzminister Olaf Scholz. In: WamS vom 19. April 2020, S. 4). *Unternehmerisch denken und sozial handeln* sind nicht länger Gegensätze mehr. Gemeinwohlorientierte Unternehmer („Social Entrepreneurs") können in Krisenzeiten, in denen alle aufeinander angewiesen sind, zu einem neuen Leitbild für Führungskräfte der Wirtschaft werden. *Gewinn und Gemeinwohl gehören zusammen.*

In den letzten Jahren war eine große Unzufriedenheit der Bevölkerung mit Politikern und Parteien feststellbar, die aus der Sicht der Bürger mehr an den *Machterhalt* als an das *Gemeinwohl* dachten. *Vertrauensverluste* in Politik und Staat waren die Folge. Mit der Krise und ihrer Bewältigung wächst das Vertrauen in die Mitmenschen. Zugleich vertrauen die Bürger dem Staat wieder mehr. Es entsteht ein *Gefühl von Verbundenheit und Gemeinsamkeit*: „Wir", Staat und Bürger, übernehmen Verantwortung. Nach der Krise kann Vertrauensbildung zwischen Staat und Bürger zum größten Zukunftskapital für die Demokratie werden.

Der Sozialstaat hat sich in der Krise nicht nur als *Geldverteilungsmaschine* bewährt. Er hat sich seiner sozialen Verantwortung gestellt und den *Solidaritätsgedanken* in der Bevölkerung gestärkt. *Fürsorge, Vorsorge und Versorgung* spielten in den Entscheidungen der Regierung eine zentrale Rolle und wurden glaubwürdig praktiziert und geregelt. Dieser

„neue" Staat gewährte Schutz und Sicherheit und machte den Bürgern klar, dass sie selbst nicht alles allein leisten können. Der Staat entlastete und beruhigte die Bevölkerung in der Krise. Und die Politiker kommunizierten mit der Bevölkerung auf *Augenhöhe*. Das war für viele Bürger eine ungewohnte Erfahrung. Die Krise kann zur Chance für einen neuen *Staat-Bürger-Dialog* werden, wie es ihn schon lange Jahre nicht mehr gegeben hat.

Wie lautete meine Prognose aus dem Jahr 2004 für 2020? „Bisher versprach die Politik allen Bürgern ein Leben in Wohlstand. 2020 muss sich die Politik auf ein *Leben in sozialer Sicherheit* konzentrieren" (Opaschowski 2004, S. 59). Sinkenden Steuereinnahmen und sinkender Konsumlust steht eine wachsende Sehnsucht der Menschen nach Stabilität und Sicherheit, nach Zusammenhalt und sozialer Geborgenheit gegenüber. Sie wollen ‚auf Nummer Sicher' gehen und gut und gesund ihrer Zukunft entgegensehen. Der Staat leistet hierbei verantwortliche *Vorsorgearbeit* und wird zum verlässlichen *Vorsorgestaat* für die Bürger. Das ist neu nach der Krise: Ein *starker Staat*, der die Bürger schützt, und *starke Bürger*, die Eigenverantwortung ernst nehmen.

III. Die veränderte Wertehierarchie der Deutschen. Die Prioritäten des Lebens wandeln sich

1. Der unaufhaltsame Aufstieg der Ehrlichkeit. Die Antwort auf Defizite in Wirtschaft und Gesellschaft

Finanz- und Wirtschaftswelt hatten in den letzten Jahren den *Wert Ehrlichkeit* in Verruf gebracht: Gefälschte Bilanzen, illegale Absprachen, Schmiergelder, Korruptionen und Manipulationen haben zu massiven Vertrauensverlusten in der Bevölkerung geführt. Nicht Werteverfall, sondern *Wertekrise* beschreibt diese Situation am treffendsten. *Wer kann wem noch trauen – auch in der Politik?* Was sind parteipolitische *Wahlversprechen* zwischen Steuersenkungen und Rentenerhöhungen noch wert, wenn niemand dazu sagt, auf wessen Kosten sie finanziert werden?

VW, DB, BMW, DFB und viele andere Unternehmen und Organisationen hatten das „Made in Germany" fragwürdig werden lassen. Nach den zunehmenden Zweifeln der Bürger und Wähler an der Verlässlichkeit von Politik, Politikern und Parteien nahm auch die *Sorge um die Ehrlichkeit und Ehrenhaftigkeit* der Unternehmensleitungen in der Wirtschaft zu. Man denke nur an das hanseatische *Ideal des „ehrbaren Kaufmanns"*. Vermisst wurde ein *Ehrenkodex,* ein Corporate-Governance-Kodex für Unternehmen, der kontrollierbar und einklagbar ist. In Politik, Wirtschaft und Gesellschaft mangelt es bisher noch weitgehend an Regeln und Regelwerken. Der Verweis auf das *Grundgesetz als Minimalkonsens* reicht dazu allein nicht mehr aus.

So kann es nicht weiter verwundern, dass *Ehrlichkeit die Nr. 1 in der Wertehierarchie der Deutschen* geworden ist – gefolgt von Verlässlichkeit, Hilfsbereitschaft, Selbstvertrauen und Selbstständigkeit. Diese Werte beschreiben als Wunschvorstellung einen *Idealzustand*: So wünscht man sich ein schönes, gelingendes Leben, geprägt von ehrlichem, d. h. offenem Umgang miteinander. Gewünschte Werte sind natürlich noch keine gelebten Werte. Eher lassen sie auf subjektiv empfundene Defizite im bisherigen privaten und öffentlichen Leben schließen.

> *„Ehrlichkeit ist und bleibt der wichtigste Wert im Leben."*
> (O.I.Z 2020: 90%)

Es gibt kaum einen anderen Bereich des Lebens, der derzeit von der Bevölkerung so wichtig und so wertvoll eingeschätzt wird wie die Ehrlichkeit. Der hohe Zustimmungsgrad von 90 Prozent in der Gesamtbevölkerung wird nur noch übertroffen von den Familien mit Kindern und den Familien mit Jugendlichen (jeweils 93%). Für Eltern von Kindern und Jugendlichen ist der wichtigste Wert im Leben zugleich das wichtigste Erziehungsziel. Einen ähnlich anspruchsvollen Wertekanon lebt und erlebt die Bevölkerung im ländlichen Raum. Für 99 Prozent (!) der Landbewohner ist der ehrliche Umgang miteinander aller Ehren wert.

In den letzten Jahren ist ein geradezu unaufhaltsamer Aufstieg der Ehrlichkeit in der Werteskala der Deutschen feststellbar – *vom 4. Rang in den 80er über Platz 3 in den 90er Jahren zur Nr. 1 im Jahr 2020.* Öffentliche Skandale in Wirtschaft und Gesellschaft haben die Bundesbürger zunehmend sensibilisiert für das, was im Leben als immer bedeutsamer eingeschätzt wird: Die Offenheit im Umgang miteinander. Als Gegengewicht zu einer Gesellschaft der Ichlinge wünscht man sich wieder mehr empathische Kommunikation, *damit nicht die soziale Kälte regiert.* Dies erklärt auch den hohen Stellenwert der Verantwortung. Die Menschen wollen sich von der doppelten Moral befreien, individuell etwas anderes zu tun als das, was „man" gesellschaftlich für wertvoll hält. Während der Zeitgeist bisher noch auf der Welle der Beliebigkeit schwamm, sind viele schon einen Schritt weiter auf dem Weg zu einer eher sozial ausbalancierten Gesellschaft. Der Weg in eine solche Zukunft ist allerdings noch weit.

Trotzdem bleibt zu fragen: Entwickeln wir uns zu einer Verantwortungsgesellschaft, in der wir sozialen Pflichten freiwillig nachkommen – und nicht nur, weil wir dazu genötigt werden, sondern weil wir uns sozialen Werten verpflichtet fühlen? Nicht zufällig wird deshalb in Gesellschaft, Wirtschaft und Politik nach einem orientierenden Kodex Ausschau gehalten, der moralischen Grundsätzen standhalten kann. Die Bürger verurteilen den Verfall politischer Umgangsformen, bei dem Fairness und Anstand verloren zu gehen drohen. Vermisst wird ein *Verhaltenskodex für Politiker*. Gleichzeitig wird der Ruf laut nach einem *Ehrenkodex für Unternehmensleitungen*, so dass Firmen bei Verfehlungen Geldstrafen für Manager einführen können. Je freier wir leben, desto lauter wird der Ruf nach einer verbindlichen Gemeinsamkeit. Nur die Verständigung über gemeinsame Werte kann der soziale Kitt sein, der unsere Gesellschaft zusammenhält. Ein solcher Verhaltenskodex muss aber mehrheitsfähig werden.

Ganz im Gegensatz zur volkstümlichen Redensart „Der Ehrliche ist der Dumme" steht in der Wunschliste der Bevölkerung als Grundsatz ganz oben an, *im Berufs- und Privatleben ehrlich zu sein*. Das Institut für Demoskopie Allensbach ermittelte schon vor über einem Jahrzehnt im Rahmen einer Repräsentativumfrage: Drei Viertel der Bundesbürger sind davon überzeugt, dass *viele Menschen in Deutschland Steuern hinterziehen* (Allensbach 2008). In allen sozialen Schichten wird die gelegentliche Steuerhinterziehung fast als Selbstverständlichkeit angesehen – also ein Verhalten zwischen Betrug und Kavaliersdelikt.

Die Menschen wissen sehr wohl, was in Zukunft im Leben wirklich wertvoll ist. Es ist die soziale *Tugend der Verlässlichkeit*. Glücklich kann sich schätzen, wer auf Freundschaft, menschliche Wärme und Geborgenheit verlässlich bauen kann. Alle anderen aber sind darauf angewiesen, dass sie in einem Gemeinwesen ein Mindestmaß an Freundlichkeit und sozialer Gerechtigkeit erfahren. Dieses Entgegenkommen bekommen sie aber nicht umsonst. Als Gegenleistung werden Verbindlichkeit und Verantwortung erwartet. Nur so kann *Zukunft auch ein Synonym für Hoffnung* sein.

2. Die große Sehnsucht nach Stabilität. Mehr Sicherheit garantiert mehr Freiheit

Nach dem Ausbruch des Zweiten Weltkriegs beschrieb Stefan Zweig nostalgisch die *verlorene Welt der Sicherheit*: „Dieses Gefühl der Sicherheit war der erstrebenswerte Besitz von Millionen, das gemeinsame Lebensideal. Man assekurierte sein Haus gegen Feuer und Einbruch, sein Feld gegen Hagel und Wetterschaden, seinen Körper gegen Unfall und Krankheit ... Nur wer sorglos in die Zukunft blicken konnte, genoss mit gutem Gefühl die Gegenwart" (Zweig 1942). Mit Zukunftssorgen kann man keine Freude an der Gegenwart haben.

Nachweislich leben heute viele Bundesbürger *ein Leben ‚auf Kante'* oder gar *‚am Limit'*: Viele Bürger haben finanzielle Sorgen und können für ihre Zukunft finanziell nicht hinreichend vorsorgen. Manche leben zwar im eigenen, aber noch nicht abbezahlten Haus, andere können ohne die Aufnahme von Krediten kaum über die Runden kommen. Es ist *ein Leben ohne Sicherheiten und Absicherungen* – vor allem während und nach der Corona-Krise, die bei Insolvenz zur Existenzkrise wird.

Nun sind unsichere Zeiten nicht neu, wohl aber das Ausmaß, die Intensität und die Dauer von Krisen, die in immer kürzeren Abständen auftreten und in ihren Auswirkungen extremer und globaler werden – Finanz- und Wirtschaftskrisen genauso wie Umwelt- und Gesellschaftskrisen. Die junge Generation kannte in den letzten Jahren fast nichts Anderes: Für diese *„Generation Krise"* war und ist Unsicherheit Normalität geworden. Sie lebt in einer Ära der Unsicherheit. Auch die übrige Bevölkerung muss umdenken und lernen, in und mit dauerhaft unsicheren Zeiten zu leben. Die Finanzmärkte kennen diese Volatilität schon lange: Kein Vermögenswert ist mehr wirklich sicher.

Nach dem amerikanischen Risikoforscher Nicholas Taleb brauchen wir ein neues Denken für eine Welt, die bei allem Fortschritt *immer unberechenbarer* wird. Seine Antwort und Empfehlung auf die Herausforderungen in unsicheren Zeiten lautet: *„Antifragilität"* (Taleb 2013). Damit ist eine Lebenshaltung gemeint, die mehr als stark, solide, robust und unzerbrechlich ist. Wer sich antifragil verhält, steht Unsicherheiten und Ungewissheiten geradezu *positiv und offensiv gegenüber* – und *rechnet mit Unberechenbarkeiten.* Weil aber Gesellschaft und Politik vielen Bürgern keinen schützenden Sicherheitsrahmen mehr ‚verbürgen' können, wird derzeit der Hunger nach Sicherheit größer als der Durst nach Freiheit. Dabei geht es nicht um maßlose Sicherheitsansprüche der Bürger, sondern um existentielle Sicherheiten – Arbeitsplatzsicherheit. Geldwertsicherheit. Zukunftssicherheit. Als Tendenz deutet sich an: Sicherheit wird die neue Freiheit der Deutschen.

> *„Stabilität und Sicherheit sind im 21. Jahrhundert genauso wichtig wie Freiheit und Flexibilität."*
> (O.I.Z 2020: 91%)

In der Bevölkerung macht sich eine *große Sehnsucht nach Stabilität breit.* Für 91 Prozent der Deutschen sind Stabilität und Sicherheit genauso wichtig geworden wie Freiheit und Flexibilität. Frei und flexibel leben ist nicht viel wert, wenn das stabile Fundament fehlt. Vor allem für Familien, die Verantwortung für die Zukunft ihrer Kinder tragen, hat die Absicherung im privaten und beruflichen Bereich oberste Priorität. Für 95 Prozent der Familien mit Kindern stellt Sicherheit eine *besonders wichtige Form der Achtsamkeit* dar. Eine verantwortungsvolle Erziehungsaufgabe: Bis zur Selbstständigkeit der Kinder für Stabilität und Sicherheit in der Familie sorgen.

Freiheit und Sicherheit hatten bisher den gleichen Wert. Doch mit der Dauer der Krise geriet das Gleichgewicht ins Wanken. Die anhaltende Verunsicherung ließ die Bevölkerung immer mehr Einschränkungen ihrer Freiheit hinnehmen. Selbst „Hausarrest" und „Kontaktsperren" wurden dem Sicherheitsbedürfnis untergeordnet und fast widerspruchslos akzeptiert. Wird der Text der Nationalhymne „Einigkeit und Recht und Freiheit" ein Opfer der Krise, weil die Menschen sich mehr nach Gesundheit, Stabilität und Sicherheit sehnen?

Wird bald Wirklichkeit, was die Schriftstellerin Juli Zeh befürchtet, dass wir im Namen der Sicherheit immer mehr Wertvolles im Leben opfern? Wird Sicherheit gar zu einem „*Superwert*, dem alles andere zu weichen hat" (Zeh 2020, S. 159) – selbst die Freiheit, wie die Corona-

Krise zeigte? Der hohe Wert der Freiheit wirkt plötzlich „wie eine nette Idee", die die Grundprinzipien unserer Nationalhymne „Einigkeit und Recht und Freiheit" in den Schatten zu stellen droht. Weil die Menschen in Krisenzeiten störungsfrei, schmerzfrei und unbedroht leben wollen, machen sie *Gesundheit zum Synonym für Sicherheit*.

Was die empirische Sozialforschung über die Einstellungen und Verhaltensweisen von Menschen zutage fördert, kann positiv als handlungsleitendes Orientierungswissen „So werden wir leben!" gedeutet werden. Die Erkenntnisse können aber auch Sehnsüchte widerspiegeln – zwischen Wollen und Hoffen, Fürchten oder Glauben. Juli Zeh nennt dies in Anlehnung an die griechische Mythologie eine „moderne Erlösungshoffnung" (Zeh 2020, S. 168), die *beruhigend und angstmindernd* wirkt.

Wir müssen lernen, mit den Risiken und Unsicherheiten zu leben. Die *Zeit der Ungewissheit* wird zum roten Faden des 21. Jahrhunderts. Zweifel, Skepsis und Zukunftsängste breiten sich aus. Und mit der Ungewissheit und Schnelllebigkeit des gesellschaftlichen Lebens entsteht der Eindruck einer Illusion der Sicherheit. *Sicher ist nur die Unsicherheit.* Wie immer in Krisenzeiten wird schon bald die *Möbelindustrie* von der wachsenden *Sehnsucht nach Sicherheit*, nach Einigeln und Nestwärme profitieren. Es wird zunehmend gemütliche *Wohnträume* vom weichen Samtmaterial bis zum flauschigen Kissen geben. Die Wohnung wird zur Rückzugsnische. *Gemütlichkeit* wird zusätzlich durch Licht in Szene gesetzt. *„Hygge"*-Atmosphäre breitet sich aus.

3. Vertrauen wird zur neuen Währung. Der soziale Kitt der Gesellschaft

„Die ganze Bundesrepublik ist aufgebaut auf Vertrauen." So lautete eine Kernaussage von Kanzlerin Angela Merkel während der Corona-Krise 2020. Jede Gesellschaft braucht für den sozialen Zusammenhalt ein Mindestmaß an Vertrauen – im zwischenmenschlichen Bereich genauso wie in der Politik, in den weltweiten Wirtschafts- und Handelsbeziehungen sowie im Arbeits- und Geschäftsleben – von der Mitarbeitermotivation bis zur Kundenbindung. Auch und gerade in der ganz privaten

Kontaktpflege in Familie und Freundeskreis, Nachbarschaft und sozialem Netzwerk ist Vertrauen unverzichtbar. Vertrauen ist mehr als nur die negativ definierte Abwesenheit von Misstrauen. *Vertrauen fängt mit dem Selbstvertrauen an.*

Bisher deutete sich in der Tendenz an: Die Bundesbürger trauen den Institutionen immer weniger – und sich selbst und anderen immer mehr zu. Es ist kein Zufall, dass mittlerweile zu den Top Ten der wichtigsten Erziehungsziele in Deutschland auch Vertrauen und Selbstvertrauen gehören und erst nachgeordnet Eigenschaften wie Kritikfähigkeit oder Durchsetzungsvermögen folgen. *Das Vertrauen gilt als die Antriebskraft des sozialen Lebens.* Gute soziale Beziehungen können für das menschliche Wohlbefinden sogar wichtiger als materielle Güter sein. Dies lässt für die Zukunft hoffen. Besonders großes *Vertrauen bringen die Jugendlichen ihren Mitmenschen entgegen.* Nachweislich wächst mit dem Vertrauen auch das *Potential an Gemeinsinn und Gemeinschaftsfähigkeit.* Eine hoffnungsvolle Glücksbilanz für die Zukunft.

Großes Vertrauen genießen nach wie vor Ärzte und Gesundheitsämter, während das Grundvertrauen der Bürger in die Glaubwürdigkeit und Autorität von Banken und Versicherungen, Kirchen und politischen Parteien stagniert oder sinkt. *Den institutionellen Vertrauensmangel gleichen die Bürger durch einen Vertrauensvorschuss im Nahmilieu aus.* Vertrauensgewinner sind die Beziehungen und Bindungen im mitmenschlichen Bereich sowie Selbsthilfegruppen und Nachbarschaftsnetzwerke.

> *„Vertrauen, Verantwortung und Verlässlichkeit zwischen den Menschen halten unsere Gesellschaft in Zukunft zusammen."*
> (O.I.Z 2020: 74%)

„3V" stellen nach Meinung der Bevölkerung (74%) den sozialen Kitt der Gesellschaft dar: *Vertrauen. Verantwortung. Verlässlichkeit.* Diese „3V" sorgen für Binnensolidaritäten im zwischenmenschlichen Bereich. Nicht alle Bevölkerungsgruppen schätzen dies gleich ein. Bei Frauen spielt die Vertrauensbasis eine deutlich größere Rolle (82%) als bei Männern (70%), weil sie nachweislich mehr soziale Sensibilität im Leben zeigen und für die intensive Kontaktpflege zu Angehörigen, Freunden und Nachbarn auch mehr Sorge tragen. Vertrauen kann man nicht kaufen. Insofern gilt: *Vertrauen wird zur neuen Währung* – im öffentlichen genauso wie im privaten Bereich.

Vertrauen ist aber auch „die" Basis für Politik und internationale Beziehungen – in Form der Verlässlichkeit. Erinnert sei in diesem Zusammenhang nur an die Aussage von Bundeskanzlerin Angela Merkel nach dem G7-Treffen im Mai 2017, die eine internationale Debatte ausgelöst hatte: „Die Zeiten, in denen wir uns *auf andere völlig verlassen konnten*, die sind ein Stück weit vorbei. Wir Europäer müssen unser Schicksal wirklich in die eigene Hand nehmen." Verlässlichkeit in Zeiten von Donald Trump ist in Verruf gekommen. Oder bleibt als letzte Hoffnung der Satz auf dem amerikanischen Dollarschein: „In God we trust"? Am Ende helfen nur noch Gott- und Selbstvertrauen.

4. Selbstständigkeit ist das wichtigste Erziehungsziel. Lebensunternehmertum gilt als Leitbild

Kompetenz und Lebenskunst der Selbstständigkeit haben eine lange Tradition. Wer sich nicht selbst helfen und seine Angelegenheiten im Leben nicht selbst ordnen kann, ist nach einer alten Fabel den Fröschen vergleichbar, die immer nur nach einem Herrscher schreien. Derzeit lebt eine alte Lebensweisheit eher wieder auf: „Wer sich an andere hält, dem wankt die Welt! Wer auf sich selber ruht, steht gut." Dies gilt für das private Leben genauso wie für den Beruf, weshalb die Engländer noch heute sagen; „If a man will have his business well done he must do it himself." Nach und nach von Fremdhilfen unabhängig werden, ist seit jeher ein wichtiges Ziel der Persönlichkeitsentwicklung. Das *Bildungsziel Selbstständigkeit* bewegt sich dabei in einem Spannungsfeld von Binden und Befreien, Führen und Wachsenlassen, Fördern und Fordern.

Die internationale Wertewandelforschung weist seit Jahrzehnten (vgl. Klages 1984) auf eine grundlegende Verschiebung der Wertorientierungen der Bevölkerung hin. Gemeint ist der Wandel von den Pflicht- und *Akzeptanzwerten* zu den *Selbstentfaltungswerten*:

- Anfang der 50er Jahre bevorzugte die Bevölkerung Pflichtwerte bzw. sogenannte *„Sekundärtugenden" im Umfeld von Fleiß und Ordnung*. Gerade einmal ein Viertel der Befragten konnte sich mit dem Erziehungsziel Selbstständigkeit anfreunden.
- Seit Anfang der 90er Jahre kehrt sich das Verhältnis um. Gut zwei Drittel identifizieren sich jetzt als Folge des Trends zur Individualisierung und Selbstentfaltung mit der *Selbstständigkeit als Erziehungsziel*, während sich nur mehr eine Minderheit für Pflichtwerte zwischen Disziplin und Gehorsam entscheidet.

Mit Selbstständigkeit wird man nicht geboren. Sie muss von früher Kindheit an gelebt und eingeübt werden können. Darauf zielen F*orderungen der jungen Generation Z*, die unter 20 Jahre alt ist: Diese U20-Generation erwartet ganz selbstverständlich, dass Selbstständigkeit und Selbstvertrauen *„in schulischen Projekten gefördert und eingeübt werden müssen."* Brauchen wir nach der grundlegenden Bildungsreform der 1960er und 1970er Jahre eine zweite Erneuerung, die den *Anforderungen des Digitalzeitalters gewachsen* ist? Wer heute den Nachholbedarf Deutschlands in der E-Mobility und den KI-Innovationen beklagt, muss wissen, dass die Förderung von Selbstständigkeit, Eigeninitiative und Gründergeist bisher nicht zu den Prioritäten der deutschen Bildungslandschaft gehörte. Erst wenn das „Start-up ins Leben" (Opaschowski 2002) ein selbstverständlicher Bestandteil der schulischen Agenda wird, kann es genügend junge Unternehmer, also *globale Champions von morgen*, geben.

Der abhängig und unselbstständig Beschäftigte wird in Zukunft nicht mehr Leitbild sein. *Der Neue Selbstständige mit großem Selbstvertrauen* ist dann gefragt. Für die überwiegende Mehrheit der Bevölkerung in Deutschland „gehören Selbstständigkeit und Selbstvertrauen zu den wichtigsten Erziehungszielen der Zukunft"(85%). Fast alle Bevölkerungsgruppen sind sich darin einig. Lediglich Landbewohner und Großstädter, West- und Ostdeutsche bewerten die Bedeutung der *Autonomie im Leben* unterschiedlich. Wer sich in schnelllebigen Zeiten behaupten will, muss nach Ansicht der Westdeutschen einen hohen Grad an Selbstständigkeit besitzen (91%). Die Ostdeutschen stufen die Selbstständigkeit als Erziehungsziel deutlich geringer ein (82%). Den größten Wert auf die Erziehung zur Selbstständigkeit legen die Bewohner auf dem Land (91%). Anpacken. Mitmachen. Selbstständig sein: Das sind hier überlebenswichtige Fähigkeiten.

> *„Zu den wichtigsten Erziehungszielen der Zukunft werden Selbstständigkeit und Selbstvertrauen gehören, die in schulischen Projekten gefördert und eingeübt werden müssen."*
> (O.I.Z 2020: 85%)

Zukunftsfähigkeit muss neu definiert werden, was nur über eine pädagogische Allianz von Lehrern, Eltern und Schülern erreichbar ist. Verantwortung tragen, Entscheidungen treffen und als ganze Person und selbstständige Persönlichkeit gefordert sein, das zählte bisher nicht zu den Top-Lernzielen der Schule. Eher hatte man den Eindruck: Nach Verlassen der Schule stolpern viele Schüler durch die Angebotsflut des Lebens zwischen beruflicher Unsicherheit, ständiger Geldnot und persönlichen Beziehungs- und Bindungsproblemen. Ein individuelles Schülercoaching mit Antworten auf die Frage *„Was kann ich und was will ich werden?"* gibt es bisher als Schule des Lebens noch nicht. Kindheit, Jugendzeit, Ausbildung, Familiengründung, Berufsphase und Ruhestand – in allen Lebensphasen spielt Selbstständigkeit eine zentrale Rolle. Die größte Bedeutung kommt sicher dem *frühen Erwachsenenalter* zu: Junge Erwachsene müssen dann die Weichen für ihr Leben stellen, beruflich und auch ganz privat. Eine falsche Entscheidung in dieser Lebensphase kann folgenreich für das ganze Leben sein. Dies gilt insbesondere für die Berufswahl, die Ausbildung und den Einstieg in den Beruf.

Jeder muss in seinem Leben eine unternehmerische Grundhaltung entwickeln – am Arbeitsplatz genauso wie im privaten Bereich: Jeder sein eigener Unternehmer! Unternehmertum ist das Leitbild der Zukunft. Auch der Lebenssinn muss im 21. Jahrhundert neu definiert werden: Leben ist dann die Lust zu schaffen! Schaffensfreude (und nicht nur bezahlte Arbeitsfreude) umschreibt das künftige Leistungsoptimum von Menschen, die in ihrem Leben weder überfordert noch unterfordert werden wollen.

5. Die Wiederentdeckung des Wir-Gefühls. Vom Auseinanderdriften zum Zusammenhalten

„DANKE für mehr Nachbarschaftshilfe. Jetzt zählt das WIR." So lauteten ganzseitige Anzeigen der Bundesregierung in Tageszeitungen während der Corona-Krise im Frühjahr 2020. Die Deutsche Presse-Agentur fragte nach und ließ durch das Yougov-Institut das *Nachbarschaftsverhältnis der Deutschen* untersuchen. Das Ergebnis war überaus positiv: Fast drei Viertel (70%) der Bundesbürger haben *„ein gutes oder sogar sehr gutes Verhältnis"* zu den Menschen in der Nachbarwohnung oder im Nachbarhaus. Gefälligkeiten und Erledigungen, Reparaturen und Einkaufshilfen dominieren vor allem in Krisenzeiten (dpa/Yougov April 2020).

Dem nichtfamilialen privaten Netz kommt in Zukunft im Hinblick auf Hilfs- und Unterstützungsfunktionen eine wachsende Bedeutung zu. Auch wenn sich der Anteil der Nachbarn und Freunde als Hauptpflegepersonen seit Anfang der 90er Jahre von vier auf acht Prozent verdoppelt hat, werden noch zwei bis drei Jahrzehnte vergehen, bis dies wirklich spürbar entlastende Betreuungsleistungen erbringt. *Die Förderung privater Hilfenetzwerke wird zu einer wichtigen sozialpolitischen Aufgabe.* Dazu gehören auch die Entwicklung neuer Wohnformen und die Unterstützung von Modellprojekten für gemeinschaftliches Wohnen.

Die traditionelle Familie – Eltern, zwei Kinder, berufstätiger Mann, Frau zu Hause und ein Hund – gibt es so nicht mehr. Deshalb ergeben sich neue Aufgaben für eine *aktivierende Kommunalpolitik*, die die dafür notwendigen Rahmenbedingungen schaffen muss, damit aus der bekundeten Hilfsbereitschaft eine tatsächliche Helfertätigkeit wird. Wohnungswirtschaft und Wohnungspolitik müssen umdenken: Viel notwendiger als die Förderung von Neubauwohnungen wird die *Förderung immaterieller Infrastrukturen im Wohnbereich* sein – vom informellen Nachbarschaftstreff bis zur Betreuung von Kindern und alten Menschen: *Quartiermanager halten die Nachbarschaft zusammen.* Diese

Dienstleister, für die es bis heute noch keine qualifizierte Ausbildung gibt, werden bald eine neue Berufsgruppe mit großen Zukunftschancen sein.

Immobilienbranche und Wohnungsunternehmen bieten dann ein Management an, das vor allem *soziale Dienste* für die wachsende Zahl alter, hochaltriger und langlebiger Menschen leistet. Das Wohnungsmanagement wirkt wie ein sozialer Kitt, wozu Altenbetreuung, Mietschuldenberatung und Beschäftigungsprojekte, Nachbarschaftshilfevereine sowie Helferbörsen gehören. Ein soziales Wohnungsmanagement kann auch in ökonomischer Hinsicht erfolgreich sein.

Die Zukunft gehört einem starken Ich und einem wiederentdeckten Wir. Dies ist das Leitbild einer sozialen Gesellschaft, die Individualisierung ausdrücklich fördert. Die Starken stärken und die Inaktiven aktivieren, die gewinnorientierte Wirtschaft fördern und den gemeinwohlorientierten Arbeitsmarkt aufbauen, eigennützige Tätigkeiten ermöglichen und gemeinnützige Tätigkeiten honorieren: Das müssen keine Widersprüche sein. So werden auch die Grenzen zwischen Starken und Schwachen fließender, weil sie beide aufeinander angewiesen sind. Dies lehrt doch die Erfahrung der Geschichte: *Die Not der Armen lässt auch die Reichen verarmen.* Wer aber die Schwachen stärkt, bereichert auch das Leben der Starken, die sonst keine Freude an ihrem Wohlstand und Wohlergehen hätten.

> *„Für Egoismus ist in unserer Gesellschaft immer weniger Platz. Wir müssen mehr zusammenhalten."*
> (O.I.Z 2020: Januar 85% – Juli 89%)

Die Welt soll nicht aus den Fugen geraten und die Gesellschaft nicht auseinanderdriften: Auf diesen Nenner lassen sich die Wünsche der Deutschen für die nahe Zukunft bringen. Die Corona-Krise hat keinen neuen Menschen hervorgebracht, aber eine neue Nachdenklichkeit, ja Besonnenheit auf das, was im Leben wirklich wichtig ist: Nicht nur etwas für sich selbst tun, sondern auch *für andere da sein.* Die Forderung an die Zukunft lässt kaum einen Widerspruch zu: „Für Egoismus ist in unserer

Gesellschaft weniger Platz" sagen 89 Prozent der Bundesbürger – mit großen Übereinstimmungen zwischen einzelnen Bevölkerungsgruppen. Die Krise hat ein *neues Zusammengehörigkeitsgefühl* entstehen lassen. Jeder ist sich nicht mehr selbst der Nächste. *Die Zeit der Alphatiere und Ichlinge ist vorbei.*

Das Wir-Gefühl lässt die soziale Kluft nicht explosiv werden, wenn wir wieder beides im Blick haben: Den Wohlstand des Landes und das Wohlergehen der Menschen. Es droht kein soziales Pearl Harbour. Ganz im Gegenteil: Eine *Solidargesellschaft im Gleichgewicht* zeichnet sich am Zukunftshorizont ab. Eine Ära der egoistischen Haltlosigkeit geht zu Ende, die unbegründete Kritik an einem naiven „Gutmenschentum" auch – nicht nur in Deutschland. Die britische Initiative *Citizen Ethics Network* (www.citizenethics.org.uk) löst beispielsweise eine breite ethische Debatte in England darüber aus, was wem zusteht und wie Menschen ihr persönliches Potential besser entwickeln und nutzen können – für das eigene Wohlbefinden und für das Wohl der Allgemeinheit.

Das Zeitalter des „Mach-dein-Ding" geht langsam zu Ende: *Da wird der Solitär eher zum Solidär.* Und das Für-andere-etwas-Tun wird als neuer sozialer Reichtum empfunden. Das ist kalkulierte Hilfsbereitschaft. Hilfsbereitschaft rechnet sich sogar, ja zahlt sich aus – als *soziale Dividende*. Wir-Bewusstsein und Wir-Gefühl stellen seit jeher Schlüsselbegriffe in der Ethnologie dar – in Abgrenzung zu anderen Kulturen. Sie sind Ausdruck einer bestimmten Identität, auch im Kampf ums Leben in schwierigen Zeiten: *Heim und Heimat bilden auch in Zukunft das Herz des Lebens.* Und die Gleichgesinnten, denen wir uns zugehörig fühlen, rücken ins Zentrum des eigenen Interesses. Im Wir-Gefühl wird das Vertraute über alles andere gestellt und das Bodenständige und das „Immer-so-Gewesene" (Antweiler 2009, S. 59) werden wieder geschätzt. Die Balance von Ich-Stärke und Wir-Gefühl kann zum neuen Paradigma für eine lebenswerte Zukunft werden.

Wir stehen wir Beginn eines neuen Zeitalters. Strukturwandel, Wertewandel und demografischer Wandel haben eine grundlegende Veränderung unserer Lebensziele und Lebensstile zur Folge. Oder handelt es sich nur um ein Strohfeuer, das in Krisenzeiten soziale Geborgenheit vorübergehend höher einschätzt als individuelle Freiheit? Nein. Alle Anzeichen deuten darauf hin: Soziale Verantwortung kehrt zurück. Und eine Gemeinschaft auf Gegenseitigkeit entwickelt sich. Das Ich stirbt deshalb nicht; es lebt weiter im Wir: Wer ICH werden will, muss WIR wollen.

Es ist kein Zufall, dass derzeit *Wertschätzung als Wert* eine Aufwertung erfährt. Jenseits der materialisierten Wegwerf-Gesellschaft zählen wieder mehr soziale Wertigkeiten: Achtung und Achtsamkeit, Aufmerksamkeit und Anerkennung, Anstand und Respekt, Zugehörigkeit und Zusammengehörigkeit. In diese Richtung zielte auch die außergewöhnliche Fernsehansprache von Angela Merkel im März 2020. Dabei fiel der bedeutungsvolle Satz: „*Es ist ernst. Nehmen Sie es auch ernst.*" Zur Bekräftigung verwendete sie nachweislich (vgl. Deeg 2020, S. 47) 85-mal das Wort „Wir". Das Wir in ihrer Rede – mitunter noch zugespitzt in der Formulierung „*Wir alle*" – betonte das Solidarische im Sinne von „Yes, we can ..."

Der italienische Schriftsteller Paolo Giordano nannte die Corona-Epidemie einmal eine „*Infektion unserer Beziehungsnetze*" (Giordano 2020, S. 14). Wenn wir mit Infektion nicht das Krankwerden, sondern den positiven Einfluss meinen, dann kann sich in der Tat ein *Positiv-Bazillus in unseren sozialen Beziehungen* ausbreiten: Vom Familiensinn bis zum Gemeinsinn. „Gemeinsam statt einsam." Wenn Krisen im 21. Jahrhundert eine Art Normal- und Dauerzustand werden sollten, dann müssen wir wohl lernen, darin eine persönliche und soziale Herausforderung zu sehen, die wir nur gemeinsam bewältigen können. Und ehemals „lästige" soziale Verpflichtungen werden wir mit mehr Empathie und Sinnerfüllung verbinden müssen – ganz im Rousseau'schen Sinne: „*Indem man Gutes tut, wird man selber gut.*"

6. Zeit ist so wertvoll wie Geld. Mehr Zeitwohlstand durch Entschleunigung

Wir haben beim Lesen arabischer Märchen beständig das sehnsüchtige Gefühl: „Diese Leute haben Zeit! Massen von Zeit! Sie können einen Tag und eine Nacht darauf verwenden, ein neues Gleichnis für die Schönheit einer Schönen oder für die Niedertracht eines Bösewichts zu ersinnen!

Sie sind *Millionäre an Zeit!*" Das schrieb Hermann Hesse am 28. Februar 1904 in der Neuen Züricher Zeitung. Hesse lieferte die Begründung gleich mit: „Wenn ich nicht im Grunde ein sehr arbeitsamer Mensch wäre, wie wäre ich je auf die Idee gekommen, Loblieder und Theorien des Müßiggangs auszudenken." In der Tat: *Der geborene Müßiggänger denkt nicht über Muße nach – er hat sie.* Die Kunst des Faulenzens, das Nichtstun mit Methode und großem Vergnügen zu pflegen, ist im Industriezeitalter der letzten 100 Jahre außer Übung geraten.

> *„Zeit ist genauso wertvoll wie Geld."*
> (O.I.Z 2020: 87%)

Jetzt deutet sich im wahrsten Sinn des Wortes eine „Zeiten"-Wende an. Für die überwiegende Mehrheit (87%) der Bevölkerung in Deutschland gilt: „Zeit ist genauso wertvoll wie Geld." Das *neue Zeitdenken* ist bei den Frauen etwas stärker ausgeprägt (89%) als bei Männern (85%), am meisten bei den Familien mit Kindern (93%) und Jugendlichen (99%), am wenigsten bei den Singles (79%). *Familien entdecken den Zeitwohlstand* und wissen *Entschleunigung* als Qualität des Lebens besonders zu schätzen. Die „Bleib-zu-Hause"-Devise während der Corona-Krise hat das Zeitdenken verändert und das familiäre Zeitgefühl fast revolutioniert. *Mehr Zeit für Gemeinsamkeit* ist eine neue Erfahrung.

In der *Entwicklung einer neuen Zeitkultur*, die Rücksicht nimmt auf individuelle Eigenzeiten und natürliche Lebensrhythmen, stehen wir erst am Anfang. Keine Gesellschaft kommt ohne Rituale, religiöse Feiertage und gesetzlich geregelte Ruhepausen aus. Für die Zukunft gilt: *Auch eine Nonstop-und-immer-shop-Gesellschaft* braucht *Zeitinseln mit Ruhe und Ritualen*, „teatime" und „mañana". Die neuen Schlüsselfragen zur *Entschleunigung des Lebens* werden lauten:

- Was ist eigentlich wichtig für mich und was nicht?
- Woher nehme ich den Mut, auch nein zu sagen?
- Und wie schaffe ich es, bescheiden zu sein, auch auf die Gefahr hin, vielleicht etwas zu verpassen?

Die vergangenen Jahrzehnte sind wesentlich eine *Phase der Geldkultur* gewesen, die von Geldverdienen und Geldausgeben bestimmt war. Diese Epoche der bezahlten Arbeit und Geldentlöhnung könnte in Zukunft durch eine *Phase der Zeitkultur* ergänzt werden, in der die Menschen nicht mehr nur wissen wollen, „wovon" sie leben, sondern auch Antworten darauf haben wollen, „wofür" sie leben. Gerade für Führungskräfte gilt: Mehr Geld erscheint doch wertlos, wenn nicht gleichzeitig auch mehr „Zeit ausgezahlt" wird. Die Beschäftigten wollen *mit Zeitoptionen leben* – mit der Flexibilisierung der Arbeitszeiten ebenso wie mit der Flexibilisierung der Öffnungszeiten von Läden, Behörden und Praxen, von Freizeit-, Kultur- und Bildungseinrichtungen. In der Gesellschaft eines langen Lebens wird *Lebensqualität als Lebenszeitqualität* neu definiert.

Für die Zukunft deutet sich in der Einstellung zu Arbeit und Leben eine Akzentverschiebung an – eine Art Güterabwägung zwischen Geld und Zeit. Das gilt vor allem im Hinblick auf die immer mehr an die Kunden „ausgelagerten" Dienstleistungen. „*Online*" *buchen, kaufen, suchen* etc. kostet manchmal mehr Zeit als uns bewusst ist und an Bequemlichkeit bringt. Viele Berufstätige werden in Zukunft lieber einen höheren Mietpreis zahlen wollen als immer nur zwischen Arbeitsstätte und Wohnort zu pendeln. Das ist mit einem *Mehr an Zeit* verbunden, hat aber eben auch seinen Preis. Einen solchen Zeit- und Lebensqualitätsluxus werden sich nicht alle leisten können. In dieser Beziehung klaffen Wunsch und Wirklichkeit noch weit auseinander.

In den letzten Jahren und Jahrzehnten war für die Deutschen „*Mehr tun in gleicher Zeit*" zur Gewohnheit geworden. Mit der beginnenden Entschleunigung des Lebens und dem Gewinn an Zeitwohlstand lebt eine alte Lebensweisheit wieder auf: „*Eine Sache zu einer Zeit.*" Mehr Geld allein erscheint doch wertlos, wenn nicht gleichzeitig auch *mehr Zeit „ausgezahlt"* wird. Die Menschen wollen wieder Souverän ihrer Zeit werden und sich eine Mañana-Mentalität leisten können: Morgen ist auch noch ein Tag. Ein alter Menschheitstraum wird – wenn wir uns ändern – Wirklichkeit: *Mehr Zeit zum Leben.*

7. Umweltverhalten muss zur Herzenssache werden. Auf Verbote kann dann weitgehend verzichtet werden

Jahrhundertelang bedeutete Natur harte Arbeit für den Menschen. Und „wo die Natur nicht wollte, war die Arbeit umsonst" (Seneca). Über Jahrhunderte hat der Mensch lernen müssen, mit der und nicht gegen die Natur zu leben. Dieses Leben in natürlichen Grenzen glich keiner Idylle. Es war mitunter nicht einmal überlebenssicher. Alles in der Natur geschah aus Notwendigkeit. Die Natur verstand keinen Spaß. Der Mensch konnte gegen das natürliche Gleichgewicht verstoßen; aber die Natur vergaß nichts. Und meist erfolgte die Bestrafung auf dem Fuße. Die Natur verlangte ihr Recht und ließ sich nicht zwingen, bis die modernen Naturwissenschaften (Descartes, Leibniz, Newton u. a.) sich ihrer bemächtigten und der Natur ihren magischen Charakter raubten. Damit begannen auch *Geringschätzung und Ausbeutung der Natur*. Die Natur stand plötzlich zur freien Disposition – und damit auch die Natur (Luft, Boden, Wasser, Vegetation, Wälder) als Grundlage menschlicher Existenz.

Die in den letzten Jahren in naiver Absicht propagierte Gleichung „*Mehr Information = Besseres Umweltverhalten*" ging in Deutschland bisher nicht auf. Mittlerweile muss sich die Politik immer öfter die Frage stellen, ob es überhaupt noch Sinn macht, das Umweltbewusstsein weiter steigern zu wollen, wenn von vornherein klar ist, dass aus einem „hohen" Umweltbewusstsein nicht ein „entsprechend" ökologisch angemessenes Verhalten folgt. Daraus folgt: Umweltbewegung und Umweltdiskussion müssen ihren „Blinden Fleck" aufgeben und zur Kenntnis nehmen, dass mit aufklärenden und belehrenden Appellen allein kaum Verhaltensänderungen zu erwarten sind. Die Umweltdiskussion der letzten Jahrzehnte hat die *Wirkung von Wissen und Einstellung auf das Handeln maßlos überschätzt*. Mangelndes Umweltverhalten wurde vielfach mit mangelndem Umweltbewusstsein gleichgesetzt. In Wirklichkeit stellt das Umweltbewusstsein nur einen Rohstoff bzw. eine Ressource dar, die erst der praktischen Erschließung bedarf.

Im Interesse der nachkommenden Generationen müssen wir unser Leben wieder auf Grundsätzen aufbauen, die die Erhaltung von Natur und Landschaft als Leitwert für unser Handeln anerkennen. *Wir brauchen ein ökologisches Lebensweisenkonzept*, das sich an ebenso sensible wie selbstverantwortliche Menschen richtet, die ihre Lebensweise im eigenen und im Interesse der nachfolgenden Generationen ändern wollen. Umweltbewusstes und umweltsensibles Handeln muss ebenso *rational wie emotional verankert* sein und zur guten Gewohnheit im Alltag werden. Lebensgewohnheiten und Lebensbedingungen gehören zusammen. Sie müssen auch zusammen verändert werden.

> *„Umweltbewusstes Verhalten muss in Zukunft zur Herzenssache werden. Dann kann man auch weitgehend auf Verbote oder Gebote verzichten."*
> (O.I.Z 2020: 82%)

Umweltbewusstsein schließt *umweltfreundliches Verhalten* mit ein, wenn es gelingt, das Anliegen zur Herzenssache zu machen. 82 Prozent der Deutschen sind der Auffassung, dass wir weitgehend *auf Verbote oder Gebote verzichten* können, wenn wir uns mit Herz und nicht nur mit Verstand für Umweltfragen interessieren und begeistern können. „Umweltbewusstes Verhalten muss in Zukunft *zur Herzenssache werden*" sagen 81 Prozent der Westdeutschen und 86 Prozent der Ostdeutschen. Aufklärungsarbeit bleibt auch in Zukunft erforderlich. Aber genauso wichtig sind überzeugende Beispiele aus der Praxis, die zum Mit-, Nach- und Selbermachen anregen und Verstand *und* Gefühl ansprechen, damit aus der Sicht- eine Lebensweise wird. Natur und Umwelt sind nicht nur die Grundlage unseres Lebens. Sie sind einfach „schön anzusehen" – von der freien Landschaft bis zur blühenden Blume auf der Fensterbank.

Die Corona-Krise verändert das Umweltbewusstsein der Deutschen – zum Besseren! Die neue Normalität löst eine neue Nachdenklichkeit aus. Eine *Umweltsensibilität neuen Stils* ist erkennbar, die emotional verankert ist. Die Menschen wollen mit Herz und nicht nur mit Verstand für ein umweltsensibles Verhalten begeistert werden. Sie wollen sich vom

„Feindbild Umwelt" verabschieden und Natur als Lebensqualität wiederentdecken. Dann kann auch das Auto als Vehikel auf dem Weg zum Naturerleben ohne Naturzerstörung werden.

8. Medien werden zu Erziehern. Mehr Einfluss als Schule und Elternhaus

Zukunft der Bildung heißt *Bildung für sich selbst, Persönlichkeitsbildung, Bildung als Lebensqualität.* Das sind wichtige Voraussetzungen dafür, dass man *glücklich und zufrieden leben* kann. Die elterliche Erziehung vermittelt dabei Werte, auf die auch in Zukunft nicht verzichtet werden kann, wenn das gesellschaftliche Zusammenleben gelingen soll. Persönlichkeitswerte drohen in Zukunft auf der Strecke zu bleiben, wenn die Familienerziehung zu kurz kommt. Ein Hauptaugenmerk familiärer Erziehung ist im Informationszeitalter auf die Medienerziehung gerichtet. Es geht dabei um die Beantwortung der Frage, *wie die Sinnesüberreizung durch die Medienflut bei Kindern verhindert werden kann.* Dies hat mitunter mehr mit Verhaltenstraining als mit Wissensvermittlung zu tun. Konkret: Eine Anleitung zu *weniger TV-, PC- und Internetkonsum* und mehr sozialen, kulturellen oder sportlichen Aktivitäten könnte vielleicht die wirksamste Erziehung sein, die überdosierten Medienkonsum verhindert. Wer sagt den Kindern noch, dass sie Grenzen brauchen? Und wer trägt dafür Sorge, dass sie auch einmal zur Ruhe kommen und in Ruhe gelassen werden müssen oder wollen? Eltern können doch nicht einfach ihr Erziehungsmonopol aufgeben.

Vor über zwei Jahrzehnten führte eine Befragung des Allensbacher Instituts bei 900 Lehrern zu einem bemerkenswerten Ergebnis: 81 Prozent der befragten Lehrerschaft waren davon überzeugt, dass die *heutige Schülergeneration am meisten von den Medien geprägt* werde (Allensbacher Archiv 1996). Die Folgen seien Konzentrationsschwäche, Verhaltensstörungen und zunehmende Aggressivität. Für zwei von fünf Lehrern stellte sich auch Gewalt als ein hautnah erlebtes Problem dar. Ein Gefühl von Ohnmacht machte sich breit. 60 Prozent der Lehrer hielten den Einfluss der Medien auf ihre Schüler für „sehr groß". *An den Einfluss der Eltern glaubten lediglich 17 Prozent.* Eine pädagogische Bankrotterklärung? Während Familie und familiäre Bindungen zunehmend an Bedeutung verlieren, trauen sich die *Lehrer die Vermittlung von Wertvorstellungen nicht mehr zu*. Die Lehrer kapitulieren vor dem Unterhaltungsangebot der Medien.

Wird die *mediatisierte Kindheit* bald zur bloßen *Medienkarriere* – gefangen im Mediennetz, aus dem es kaum ein Entrinnen mehr gibt? Die heutige Familiensituation käme dieser Entwicklung auch noch entgegen: durch die Zunahme der Doppelerwerbstätigkeit, durch mehr Scheidungen, mehr Alleinerziehende und mehr Patchwork-Familien. Wenn Lifestyle den Lebenssinn ersetzt, droht *soziale Verwahrlosung*. Es ist sicher nicht einfach, Lösungsansätze oder attraktive Alternativen zur Dominanz des Medienkonsums zu entwickeln. Denn in den letzten Jahrzehnten sind die *Spielräume für Kinder immer enger* geworden, d. h. sie haben sich mehr und mehr von draußen nach drinnen verlagert.

> *„In Zukunft werden die elektronischen Medien die Kindesentwicklung mehr beeinflussen als Schule und Elternhaus."*
> (O.I.Z 2020: 70%)

Fast drei Viertel der Deutschen (70%) sehen 2020 mit großer Skepsis in die Zukunft von Bildung und Erziehung. Ihrer Ansicht nach werden *„die elektronischen Medien die Kindesentwicklung mehr beeinflussen als Schule und Elternhaus"*. Vor allem ostdeutsche Eltern (78%) befürchten, dass sie in Zukunft bei der Kindesentwicklung an Einfluss und Bedeutung verlieren und das Feld der Erziehung immer mehr den Medien überlassen müssen (Westdeutsche: 68%).

Erziehung und Bildung im 21. Jahrhundert sind mehr als nur eine Frage von *Kulturtechniken* wie Lesen, Schreiben und Rechnen, Surfen, Chatten oder Twittern. Gemeint ist *Persönlichkeitsbildung*, die kein Verfallsdatum und keine Halbwertzeit hat: Kommunikationsfähigkeiten verlernt man nicht und Lebenskompetenzen verliert man nicht. Die Familienforschung hat längst nachgewiesen, wie wichtig die frühkindliche Erziehung im Elternhaus ist. Hierbei gilt: *Auf den Anfang kommt es an* (vgl. Fthenakis 2003). Bildung beginnt mit der Erziehung im Elternhaus.

Schon Seneca vermerkte in seinen Briefen an Lucilius: „Lehren sind ein langweiliger Weg, Vorbilder ein kurzer, der schnell zum Ziele führt." Noch wirksamer sind *gelebte Leitbilder* wie die Lebensweise der Eltern, die mit gutem Beispiel vorangehen und Erziehungsziele nicht lehren, sondern positiv leben. Vorleben heißt leitbildhaft so zu leben, dass sich Kinder und Jugendliche damit *identifizieren* können. Das Verhalten von familiären Bezugspersonen, insbesondere der Eltern hat prägenden Einfluss auf die eigene Entwicklung, die Lebensgestaltung und auch spätere berufliche Orientierung und Berufswahl. Während Vorbilder und Ideale nie völlig erreichbar sind und mehr Wunschcharakter haben, hat das Vorleben eher praktische Bedeutung als *Orientierungshilfe* für das ganze Leben.

Unbestritten aber ist, dass elektronische Medien Sozialisationsinstanzen wie Elternhaus und Schule nicht ersetzen, wohl aber ergänzen können. Sie können zu einem erfolgreichen *Mittler und Vermittler zwischen Mensch und Maschine* werden. Insbesondere die Digitalisierung hat während der Corona-Krise ihre Bewährungsprobe, ja ihren Stresstest im privaten Leben bestanden und ihren Anspruch, zur Bereicherung des Lebens beizutragen, eingelöst. Das hat nachhaltige Folgen: Die Kluft zwischen Digital Natives und digitalen Analphabeten wird geringer werden. Jung bis Alt partizipieren zunehmend an den technologischen Neuerungen. Skype, Zoom und Teams sind zu vielseitigen Kommunikatoren geworden. Der digitale Wandel ist jetzt näher am Menschen.

9. Mehr teilen als besitzen.
Das Eigentumsdenken verändert sich

Der Verbrauchermarkt steht vor großen Herausforderungen. Er muss sich mehr mit dem *Wandel von der Ökonomie des Wohlstands zur Psychologie des Wohlergehens* auseinandersetzen. Die Beachtung der subjektiven Wahrnehmung wird wichtiger. Objektiv wird es nach der Krise zwar als Nachholeffekt einen wirtschaftlichen Aufschwung geben. Subjektiv aber kommt wenig bei den Verbrauchern an. Immer mehr Verbraucher halten ihr Geld zusammen, sorgen für eiserne Reserven und sparen für die eigene Zukunft. Ein neues Zeitalter der *Sparmaßnahmen* beginnt. Die Sehnsucht nach einem schöneren Leben bleibt erhalten, ihre Verwirklichung muss man sich auf Dauer aber auch leisten können.

Konsumlaune und Konsumlust sind den Verbrauchern während der Corona-Krise vergangen. Sie werden nur langsam und zögernd aktiviert werden können. Eine entsprechende *Kaufzurückhaltung des Konsumenten* ist zu erwarten. Erfahrungsgemäß muss erst ein gewisser Schwellenwert erreicht werden, bevor Verbraucher das Gefühl haben, sich auch wirklich mehr leisten zu können. Aber das braucht Zeit. Die Verbraucher können und wollen ihr Verhalten nicht schlagartig ändern. Und je länger sie mit Verunsicherungen leben müssen, desto länger üben sie auch Kaufzurückhaltung. Die Krisenangst um den Verlust des Arbeitsplatzes führt bei Teilen der Bevölkerung zum *Angstsparen* und damit zu einer *Erhöhung der Sparquote*. Viele glauben einfach nicht, sich so schnell großzügiges Konsumverhalten leisten zu können.

Daran ändern auch vorübergehende *Steuersenkungen* nichts. Die monatelange Gewöhnung an das „Bleib zu Hause" in den eigenen vier Wänden führt zu spürbaren *Einschränkungen von Außer-Haus-Aktivitäten*. Restaurant-, Kino- und Theaterbesuche werden für längere Zeit stagnieren. Die Menschen trauen dem (Krisen-)Frieden noch nicht. *Drinnen-Bleiben ist sicherer, Aus-Gehen riskanter*. Profiteure dieser Zurückhaltung werden die Online-Anbieter sein, während die Shopping-Center den Boomzeiten vor 2020 nachtrauern.

Zugleich ist absehbar: Der „Und-und-und"-Konsument *vor* der Krise wird immer mehr zum „Hier-mehr-dort-weniger"-Verbraucher *nach* der Krise. Es entwickelt sich eine *neue Lebenskunst der Luxese*, also Luxus und Askese, die nicht umsonst zu haben sind. Sie bedeuten Verzicht auf Mittelmaß. Sich Qualität und Luxus leisten zu können, aber dafür auch in anderen Bereichen Billigwaren und Opferkäufe in Kauf nehmen zu müssen. „Billig" und „teuer" sind für den Verbraucher keine Gegensätze mehr.

Zurückhaltung und nicht Verzicht wird praktiziert. Es lohnt sich wieder, darüber nachzudenken, ob mancher materielle Wohlstand wirklich ein persönlicher Lebensgewinn ist. Wenn der Konsument alles bedenkenlos haben „will" und „muss", verkleinert er letztlich seine individuellen Freiheitsspielräume. Denn: Mehr konsumieren heißt auch mehr arbeiten, mehr verdienen – und weniger Zeit für sich. Das Hauptrisiko des eigenen Konsumverhaltens ist schnell gefunden: *Sinnentleerung*.

> *„Mehr mieten als kaufen, mehr teilen als besitzen und eine funktionierende Kreislaufwirtschaft: Das wird in Zukunft bei den Verbrauchern an Bedeutung gewinnen."*
> (O.I.Z 2020: 59%)

Eine deutliche Mehrheit der Bevölkerung (59%) will ihr Verbraucherverhalten ändern. *„Mehr mieten als kaufen, mehr teilen als besitzen"* heißt das neue Credo des Post-Corona-Konsumenten. Insbesondere die urbane Bevölkerung in der Großstadt ist für diesen neuen Konsumstil aufgeschlossen (64%), weniger die Landbevölkerung (49%). Auch die Höhergebildeten (64%) und die 14- bis 29-Jährigen (64%) können sich dafür begeistern. Die Familien mit Kindern (63%) votieren ebenfalls für diese veränderte Konsumhaltung. Werden in Zukunft mehr Autos geleast als wirklich gekauft? Wird Deutschland zum Mieterland, weil sich das Eigentumsdenken verändert und die Menschen Zeit und Geld sparen wollen, statt sich für den Eigentumserwerb krumm zu legen? Die Lebenshaltung *„Konsum nach Maß"* bedeutet weder Askese noch Verzicht. Warum soll es in Zukunft nicht möglich sein, mehr Dinge zu mieten als zu kaufen, mehr zu teilen als zu besitzen? Autos und Fahrräder, Surfbretter und Skiausrüstungen muss man nicht immer selbst besitzen. Nicht alles, was uns bisher lieb und teuer war, muss käuflich erworben werden.

Die Umstellung fällt allerdings nicht leicht. So erleben derzeit Onlineshops und Lieferökonomie einen Boom, die *Sharing-Ökonomie* aber tut sich noch schwer – mehr psychologisch als ökonomisch. David Folkerts-Landau (2020), der Chefökonom der Deutschen Bank, lieferte unlängst die Begründung: Die Menschen „zögern bei Uber mit einem Unbekannten zusammen im Auto zu sitzen oder über Airbub „Freunde in die Wohnung zu holen." Auch hier gilt: *Die Hälfte der Technologie ist Psychologie*, ein weiterer Grund dafür, warum viele digitale Neuerungen bei den Menschen nicht ‚ankommen', weil die Verbraucher sie nicht haben wollen.

Man fühlt sich ein wenig an die Lebensphilosophie der 68er-Bewegung erinnert: *Nichts besitzen – alles teilen.* Inzwischen ist ein halbes Jahrhundert vergangen. Die automobile Sozialisation hat ihre nachhaltigen Spuren hinterlassen und ganze Generationen geprägt. „Mein" Auto gehört „mir". Das Auto bin „ich". Die emotionale Beziehung zum „Besitz Auto" ist nach wie vor groß. Mit dem Erwerb eines Autos und einer Automarke werden doch besondere Persönlichkeitseigenschaften mit gekauft. Auch eine Erklärung dafür, warum eine Beschädigung des Autos schnell als Bedrohung der Person empfunden werden kann. Carsharing, also mehr teilen als besitzen, kommt einer *Revolutionierung des Eigentumsdenkens* gleich. Ein solcher Bewusstseinswandel fällt schwer. Das Auto ist wie eine zweite Wohnung: Wer will schon Fremden auf Dauer die eigene Wohnung überlassen?

Dennoch: Zug um Zug aber wird sich das Verbraucherverhalten wandeln. Die Corona-Krise war schließlich auch eine ökonomische Krise und hat ihre Spuren hinterlassen. Damit ist auch ein Wandel der Konsummoral verbunden. Dazu gehören:

- sinkendes Anspruchsdenken
- wachsende Konsumzurückhaltung
- neue Bescheidenheit
- große Preissensibilität
- Vorsorgesparen – für sich, die Kinder und die Enkel.

Der ehemalige *Wohlstandskonsument* wird ein wenig schlanker und hofft weiter auf bessere Zeiten.

Der *Post-Corona-Konsument* wird sich als *Wertsucher* vehement gegen die Instantphilosophie („Just do it") mancher Marketingstrategen zu wehren und sich eher als *Konsumkritiker* mit den Globalisierungskritikern zu verbünden wissen. Für alle gibt es ein gemeinsames Thema – vom Kampf gegen die Kinderarbeit in der Produktion bis zum Protest der Textilarbeiterinnen in Bangladesch gegen die Ausbeutung. Ihre entscheidende Waffe wird nicht der Boykott, sondern das Internet sein. Sie können so rund um die Welt durch Websites operieren und eine *internationale Basisbewegung* mobilisieren – ganz im Sinne der schärfsten Globalisierungsgegnerin Naomi Klein aus Kanada, die es für möglich hält (Klein 2002, S. 460), dass sich in Zukunft zu den kritischen Konsumenten auch die kritischen Aktionäre gesellen und Gewerkschafter bei McDonald's aktiv werden.

Märkte und Menschen haben nach der Krise das gleiche Problem: Es fehlt das Geld – zum Investieren oder Konsumieren. Es ist absehbar: *Die vielfach erwartete Konsumexplosion findet nicht statt.* Shoppingspaß und Konsumstress werden seltener. Aus Kauflust wird Kaufzurückhaltung. Zurückhaltung heißt *Vorsicht, nicht Verzicht*. Statt Angstsparen wie zur Zeit der Finanzkrise 2008/09 ist *Vorsorgesparen* angesagt: Sparen für sich, die Kinder und die Enkel. Und das Eigentumsdenken verändert sich langfristig: Mietwohnung statt Eigentumswohnug. *Deutschland wird zum Mieterland.* „*Luxese*", eine Mischung aus Luxus und Askese, beschreibt die neue Haltung der Verbraucher. Worauf kann ich verzichten? Was ist eigentlich wichtig für mich und was nicht? Die Freude am Leben und der Konsumgenuss kommen deshalb nicht zu kurz. Zum PostCorona-Konsumenten gehören Muße und Genuss: *Sich mehr Zeit zum Genießen nehmen.*

Die *Post-Corona-Generation* wird auf Dauer nicht mehr so weiterleben wie ihre Elterngeneration. Der Perspektivenwechsel vom Wohlstand zum Wohlergehen macht die Konsumfrage zur Sinnfrage: Fragwürdig wird der Konsumdreiklang von Shopping/Kino/Essengehen, in weite Ferne rücken weite Reisen und auch lebensstandardsichernde Renten sind nicht mehr sicher. Mit dem Bedeutungsverlust der dominanten Konsumorientierung des Lebens kommt es zu einer Verschiebung der Lebensprioritäten: Gut leben statt viel haben, vorsorglich sparen statt verschwenderisch mit Geld umgehen und den neuen *Zeitwohlstand und Beziehungsreichtum genießen.*

10. Besser leben statt mehr haben. Ein grundlegender Einstellungswandel zeichnet sich ab

In Afrika, so erzählt man, gibt es zwei Arten von Hunger – den kleineren und den größeren. Der kleinere Hunger gilt den Dingen, die das Leben in Gang halten, also den Gütern, Dienstleistungen und dem Geld, das wir brauchen, um alles bezahlen zu können. Der größere Hunger aber gilt den *Antworten auf die Frage „Warum?"*, die Erklärungen dafür geben, wozu dieses Leben gut sein soll. Diese Geschichte – von dem irischen Psychologen Charles Handy (1998, S. 22) erzählt – macht anschaulich klar, dass viele Menschen in den westlichen Konsumgesellschaften allzu lange, vielleicht auch allzu naiv daran geglaubt haben, dass der Hunger nach Geld und materiellem Wohlstand auch den größeren *Hunger nach Sinn* stillen und die Menschen zufriedener machen könnte. In Wirklichkeit stellt der Sinn-Hunger nicht einfach nur eine Erweiterung des Geld-Hungers dar, sondern ist etwas völlig anderes.

Aus kultursoziologischen Forschungen geht hervor, dass es Menschen im Mittelbereich *zwischen Not und Überfluss subjektiv am besten* geht. Diesen Menschen fehlt noch etwas, wofür sich Arbeit und Anstrengung lohnen. Ihr Leben hat schließlich eine Richtung: nach oben. Und die Erfahrung lehrt: Menschen, die nach oben wollen, haben eher *Mittel-Krisen* – Menschen, die oben sind, dagegen *Sinn-Krisen*. Die einen sind noch unterwegs, die anderen sind schon angekommen (vgl. Schulze 1992). Bedroht ist nicht mehr das Leben, sondern sein Sinn.

Bei der Bevölkerung verlagert sich das Geld- und materielle Wachstumsdenken immer mehr auf immaterielle Bereiche wie z. B. *Gesundheit und soziale Beziehungen,* die genauso wichtig werden wie die Ansammlung von Vermögenswerten. Die *Verbesserung der Lebensqualität* steht im Mittelpunkt. Es geht zentral um *Wohlfühlen, Wohlbefinden und Wohlergehen,* um das Wesentliche des Lebens. Im nur ökonomischen Wachstumsdenken der letzten Jahrzehnte war dieser Sinnfaktor weitgehend aus dem Blick geraten. Vor dem Hintergrund anhaltend unsicherer Zeiten wollen die Menschen Wert auf „nachhaltigen Wohlstand" legen, der nicht nur von Konjunkturzyklen und Börsenkursen abhängig ist. Nachhaltiger Wohlstand soll für mehr Lebenszufriedenheit sorgen. Wohlhabend ist der, der *mit sich und seinem Leben zufrieden* ist und nicht der, der sich immer mehr leisten kann. Und die Erkenntnis setzt sich durch: Ein intensives Naturerleben ist wohltuender und intakte soziale Beziehungen sind beglückender als die weitere Anhäufung materieller Güter. Es geht um das *Gelingen des Lebens: Wer in Zukunft nur Geld besitzt – ist arm dran!*

Nachweislich sind Wohlergehen und Lebenszufriedenheit immer dort am größten, wo mehr Zeit in mitmenschliche Beziehungen zu Familie, Freunden und Verwandten investiert wird. *Das soziale Kapital garantiert mehr Lebensglück* als das Einkommenskapital. Konsumverzicht ist sicher keine realistische Zukunftsalternative. Aber es lohnt sich darüber nachzudenken, ob mancher materielle Luxus wirklich ein persönlicher Lebensgewinn ist. Wenn ein Konsument alles bedenkenlos haben „muss", verkleinert er letztlich seine individuellen Freiheitsspielräume. Denn: *Mehr konsumieren heißt auch mehr arbeiten, mehr verdienen – und weniger Zeit für sich.*

Die Zukunft wird wieder mehr der Sinnorientierung gehören: *Von der Flucht in die Sinne zur Suche nach dem Sinn.* Die Sinnorientierung wird zur wichtigsten Ressource der Zukunft und zur großen Herausforderung einer neuen Gesellschaft des Wohlergehens. *Zukunftsmärkte werden immer auch Sinnmärkte* sein – bezogen auf Familie und Generationenbeziehungen, Gesundheit und Natur, Kultur und Bildung. *Wertebotschaften statt Werbebotschaften* heißt dann die Forderung der Verbraucher, die sich auch als eine *Generation von Sinnsuchern* versteht. Von Konsumverzicht will sie wenig wissen, dafür umso mehr von der Werthaltigkeit des Konsums.

Die Menschen denken nachhaltiger – und verhalten sich auch zunehmend so. Sie stellen sich die Frage, *was im Leben wirklich wichtig* und was – wenn auch schweren Herzens – gegebenenfalls entbehrlich ist. „Wohlergehen" ist mittlerweile selbst für Gewerkschaften zum *Synonym für ein „gutes Leben"* (vgl. IG Metall-Kampagne 2009) geworden und schließt Zukunftsvorsorge immer mit ein. Die *Gewinnmaximierung des ganz persönlichen Lebens* rückt in das Zentrum. Es geht um ein erweitertes Wachstumsmodell mit Lebensqualitätsanspruch und um eine neue *Vision von Wohlstand (als Wohlergehen) und um ein neu-*

es Verständnis von Wohlfahrt: Wohlergehen für alle. Alle sollen gut leben können. Dann brauchen wir uns um den sozialen Kitt, der unsere Gesellschaft zusammenhält, in Zukunft keine Gedanken mehr zu machen.

Die Bäume wachsen nicht in den Himmel, aber der Mensch „wächst" lebenslang – physisch, psychisch und sozial. Wenn *Wachstum menschlichen Fortschritt* zur Folge haben soll, dann muss es zum Wohlergehen der Menschen beitragen. Auch wirtschaftliches Wachstum muss dies zum Ziel haben und dem Menschen dienen: Wirtschaftswachstum soll uns zum Wohlstand verhelfen, damit wir gut leben und sagen können: „*Wohlstand heißt: Es geht uns gut*" (Jackson 2011, S. 23). Wir wollen *Wachstum weiter denken.* Wachsen sollen nicht nur Wirtschaftsgüter, sondern auch Wert-, Lebens- und Beziehungsqualitäten: Freiheit und Frieden, Bildung und Gesundheit, Familien- und Freundeskontakte: Unseren Kindern und Enkeln soll es in Zukunft nicht schlechter gehen als uns heute.

Die Menschen leben dann sicher nicht in der besten aller Welten. Aber sie können – auf der Basis von Wachstum, Wohlstand und Lebensqualität – das Beste aus ihrem Leben machen. Als Perspektive zeichnet sich ab: Wenn der *Wandel vom Waren-Wohlstand zum wahren Wohlstand wirklich* gelingt und das Wohlergehen des Landes und der Menschen zum Maßstab für Wachstum, Wohlstand und Lebensqualität wird, dann werden die Menschen zufriedener, nimmt die Lebenslust zu und steigen auch die Aktienkurse an den Börsen wieder...

Natürlich wird es in Zukunft auch *gegenläufige Bewegungen* geben. Dafür sprechen derzeit die Krise der Weltwirtschaft, wachsende geopolitische Spannungen und Handelsstreitigkeiten sowie die Folgen der Corona-Krise. Die Bevölkerung weiß sich zu helfen: *Die Deutschen sparen wie Weltmeister* – so viel wie nie seit der Euro-Einführung. Die Sparquote steigt bei allen Bevölkerungsgruppen. *Selbst im hohen Alter wird noch gespart* – aus Sorge und als Rücklage für mögliche Notsituationen. Sparen ist zur Vorsichtsmaßnahme geworden.

In der ganzen Welt soll es – sieht man einmal von Ameisen und Bienen ab – kaum ein anderes Lebewesen geben, das sich wie der Mensch die Hortung und den Besitz von Gütern zur Lebensaufgabe gemacht hat und sich verzweifelt an erworbene Güter klammert. Doch der *Au-*

tomatismus – *mehr Wachstum gleich mehr Wohlstandsgüter gleich mehr Lebensglück* – funktioniert nicht mehr. Der naive Glaube, alles könne permanent gesteigert und eine Niveauebene höher gefahren werden, ist infrage gestellt. In Wirtschaft und Politik setzt sich eher die Erkenntnis durch: Der *Fahrstuhl-Effekt*, wonach wir stetig nach oben fahren in eine Welt, in der es uns immer besser geht, wird vom *Paternoster-Prinzip* abgelöst: Einige fahren nach oben, andere nach unten – und müssen auf halber Strecke oder gar unten aussteigen. Was geben eigentlich die Gewinner der Krise wie Amazon und Online-Dienste, Bau- und Supermärkte freiwillig an die Gesellschaft zurück? Wo bleibt ihr Soli-Beitrag für die Solo-Selbstständigen, die zu den eindeutigen Krisenverlierern gehören?

Die Logik des Immer-Mehr funktioniert nicht mehr. Wirtschaftswachstum ist nach der anerkannten Definition des Sachverständigenrats das Ergebnis der Anstrengungen der Menschen, *„es besser zu machen als bisher"* (Jahresgutachten 1975/76 – Ziffer 294). Die Japaner haben hierfür ein eigenes Wort: *„kaizen"* – und das bedeutet *ständige Verbesserung*. Die nachhaltige Wachstumsagenda für das 21. Jahrhundert kann daher nur lauten: „Heute gut – und morgen besser leben!" In sozial und ökonomisch unsicheren Zeiten stößt das Immer-Mehr auch an seine psychologischen Grenzen. Die Menschen denken neu über Wohlstand nach: Sie gleichen materielle Wohlstandsdefizite durch Lebensqualitäten in anderen Bereichen aus – durch Familie und Freunde, Frieden und Freiheit, Umwelt und Natur. Die Lebensziele verändern sich. Es geht um Antworten auf Sinnfragen des Lebens.

> *„Besser leben statt mehr haben wird in Zukunft ein erstrebenswertes Lebensziel."*
> (O.I.Z 2020: 82%)

Die Krise stimmt die Menschen nachdenklicher. Die Deutschen demonstrieren *Besonnenheit* und nennen als individuelles Lebensziel: *Besser leben statt mehr haben.* Diese veränderte Einstellung wird am meisten von den Landbewohnern (88%) und am wenigsten von den Großstädtern (82%) genannt. Damit wandeln sich auch die Lebensprioritäten.

Noch in George Orwells 1948 geschriebenem Zukunftsroman „1984" verkündete ein sogenanntes *Ministerium für Überfülle* den Menschen „herrliche Neuigkeiten" und ein „neues glückliches Leben." Und das hieß konkret: Mehr Textilien, mehr Häuser, mehr Möbel, mehr Kochtöpfe und mehr Brennstoff. Das energieintensive Konsumgebaren war kaum noch zu steigern. Die George Orwell'sche Vision von Überfülle und Immer-Mehr fand in der westlichen Welt im Traum vom Überfluss ihre vermeintliche Erfüllung. Die westlichen Konsumgesellschaften lebten jahrzehntelang in der Vorstellung, das *Zeitalter des Wohlstands* sei angebrochen und es ginge lediglich noch um die Frage, was wir in Zukunft *alles noch haben* wollten.

Es ist schon bemerkenswert: Das Bruttoinlandsprodukt (BIP) – als Wohlstandsmaßstab für alle – ist weitgehend von Männern erdacht und entwickelt worden. Das BIP blendet weibliche Wohlstandsprioritäten weitgehend aus. Zur Wohlstandswirklichkeit der Frauen gehört es hingegen (mehr als bei Männern):

- für andere da sein,
- gute Kontakte zur Familie haben,
- in Frieden mit den Mitmenschen leben.

So gesehen waren Frauen schon immer *Lebensstilpioniere für ein sozialorientiertes Leben – in guten wie in schlechten Zeiten.*

Die Glücksformel in Bertolt Brechts Dreigroschenoper – „Nur wer im Wohlstand lebt, lebt angenehm" – wird erweitert und neu bewertet. *Wohlstand wird zu einer Frage des persönlichen und sozialen Wohlergehens.* Wohlstand kann auch bedeuten, weniger Güter zu besitzen und doch *besser zu leben.* Eine Neubesinnung auf das Beständige findet statt. Und das ist immer weniger nur eine Frage des Geldes. Die Deutschen wollen – vor die Alternative gestellt – im Einzelfall lieber glücklich als reich sein. Und das kann auch bedeuten: Weniger haben, aber trotzdem gut leben können.

IV. Rettet das gute Leben! Wann, wenn nicht jetzt

1. Schluss mit schlechter Stimmung. Überwiegend negative Nachrichten erzeugen Zukunftsangst

Seit Jahren habe ich beim Zeitunglesen den persönlichen Eindruck gewonnen: Immer mehr Fußball-Berichterstattungen drehen sich um Abstiegsfragen. Sportberichte werden als Thriller inszeniert und gleichen *Krisendiskussionen, Katastrophenszenarien und Entlassungsgerüchten*: Das ist keine Situationsanalyse von 2020 – das war meine Zukunftsprognose für 2020. Geschrieben im Jahr 2004 unter dem Titel „Deutschland 2020. Wie wir morgen leben" (2004, S. 178).

Aus dem Morgen ist das Heute geworden. Die Sportjournalisten verfahren weiterhin nach dem Prinzip: Es gibt 18 Bundesligavereine. Einer wird deutscher Meister – die anderen spielen gegen den Abstieg– in der Bundesliga-Saison 2004, 2010 und 2020 auch. Die Schlagzeilen lauten: „Werder hat nur noch einen Strohhalm in Berlin" – „Mainz 05 erkämpft den Klassenverbleib" – „Der HSV ein nervliches Wrack" – „Apathisch am Abgrund" – „Abschiedstränen" ... Wir leben mittlerweile in einem *Zeitalter der Extreme,* in dem selbst aus saisonalen Wettermeldungen außergewöhnliche Wetterphobien werden. Der Regen wird zur Sintflut, der Wind zum Orkan und der kühle Sommer zur Eiszeit. Wir neigen zu Extremen, weil wir immer öfter mit Extremen konfrontiert werden. Die Sensation entsteht in unseren Köpfen und verändert unser Bewusstsein. Früher war ein Sturm einfach ein Sturm. Heute gilt er nach Einschätzung der Klimaforschung (vgl. von Storch 2019*) als Vorbote des Weltuntergangs.*

Am 5. November 2019 veröffentlichte ich gemeinsam mit dem Ipsos Institut auf der Basis einer aktuellen Repräsentativumfrage von 2.000 Personen ab 14 Jahren eine Presseinformation mit der Meldung: *„Der Mauerfall ist ein Glücksfall.* Die Mehrheit der Deutschen beurteilt das historische Ereignis positiv." Ein Großteil der meinungsbildenden Medien stellte jedoch das Forschungsergebnis auf den Kopf und machte *aus der Positivbotschaft eine Negativmeldung mit der Überschrift*: „Jeder siebte Deutsche sieht Mauerfall kritisch." An der Negativmeldung beteiligten sich die Augsburger Allgemeine genauso wie die Berliner Zeitung, die Frankfurter Rundschau ebenso wie der Stern und die Süddeutsche. Hat „sagen, was ist" (Rudolf Augstein/DER SPIEGEL) mittlerweile einen Hauch von Langeweile bekommen? Wird die Mehrheitsmeinung bewusst unter den Teppich gekehrt, weil die *Skandalisierung einer Negativmeldung* mehr öffentliches Interesse weckt?

Ein anderes Beispiel: Auf dem Höhepunkt der Corona-Krise wies das Meinungsforschungsinstitut Usama repräsentativ nach: Eine deutliche Mehrheit von 75 Prozent der deutschen Bevölkerung vertraut auf eine Bewältigung der krisenbedingten Herausforderungen. In der medialen Darstellung liest sich das dann so: „Umfrage: Pessimismus der Deutschen wächst" (Koch/Peduto 2020, S. 4). Eine bewusst angstschürende Pressemeldung.

Vor fast 20 Jahren informierte ich im September 2002 auf einer Pressekonferenz die anwesenden Journalisten über *„Die Zukunftssorgen der Deutschen"*, zeigte Konfliktlinien auf und wies auf mögliche Spannungsfelder von morgen hin, die heute noch politisch steuer- und gestaltbar sind. Mein Problemkatalog wurde seinerzeit dankbar aufgegriffen: „Deutsche blicken mit Sorge in die Zukunft." *Die deutsche Angst („German Angst") wurde zum Medienthema.* Einige Zeit später veröffentlichte ich die Studie *„Die Zukunftshoffnungen der Deutschen"*. Doch die Medienresonanz blieb weitgehend aus. Stattdessen wurde noch während der Pressekonferenz mehrfach kritisch angemerkt: Das sei doch nur die halbe Wahrheit. Und überhaupt: Wo seien die wirklichen Zukunftsprobleme der Deutschen? Meine Antwort: „Darüber habe ich doch schon letztes Mal berichtet." Die Reaktion der Teilnehmer: Weitgehende Sprachlosigkeit und großes Unverständnis – erklärbar vor dem Hintergrund ihres medialen Erfolgsverständnisses: *„The bad news are the better news."* Das Schlechte ist medienwirksamer als das Gute.

> *„Die Verbreitung überwiegend negativer Nachrichten lässt eine pessimistische Grundstimmung in Deutschland entstehen und führt auch bei mir zu mehr Angst vor der Zukunft."*
> (O.I.Z 2020: 60%)

Es stimmt schon bedenklich, dass die überwiegende Mehrheit der deutschen Bevölkerung (60%) die Medien für die Verbreitung pessimistischer Grundstimmungen verantwortlich machen. Weil sich die Medien auf die „Verbreitung überwiegend negativer Nachrichten" konzentrieren, sorgen sie für *Zukunftsängste* bei der Bevölkerung und lassen *Zukunftsgewissheiten in der Versenkung* verschwinden. Die Aussage „führt auch bei mir zu mehr Angst vor der Zukunft" trifft für Frauen (64%) etwas mehr als für Männer (56%) zu. Besonders problematisch und folgenschwer ist es aber, dass derzeit am meisten (70%) die Jugendlichen im Alter von 14 bis 24 Jahren die Lust an der Zukunft zu verlieren drohen, weil die Medien überwiegend negativ berichten. Fühlen sich die *Jugendlichen als Hauptverlierer* in Krisenzeiten, weil ihnen keine Zukunftsperspektive geboten wird? *Schlechte Nachrichten* nehmen sie subjektiv als *schlechte Aussichten* wahr. Das stimmt bedenklich.

Internet und Soziale Medien haben die Medienlandschaft in Deutschland grundlegend verändert. *Realität und inszenierte Wirklichkeit* vermischen sich zusehends. Sie stellen die Objektivität und Repräsentativität der Berichterstattung immer mehr in Frage. Die Skandalisierung steht im Mittelpunkt, so dass selbst Öffentlich-Rechtliche Fernsehsender dramatische Katastrophenmeldungen favorisieren: „Die ARD zeigt 6, das ZDF zeigt 7 *Mordszenen täglich*" (Renn 2020, S. 118). Die häufige Visualisierung von Gewalttaten beeinflussen auf Dauer das Realitätsverständnis der Zuschauer. Fernsehbilder haben eine hohe Suggestionskraft und erwecken den *Eindruck von Unparteilichkeit*. Die Welt wirkt bedrohlich. Am Ende verfestigt sich die Meinung: *Wir leben gefährlich!*

Medienberichte gleichen nicht selten *Horrorvisionen* – vom Waldsterben bis zum Giftregen, vom Rinderwahnsinn bis zur Schweinepest, von Killerbakterien bis zu Pandemien. *Mögliche Maximalschäden* werden in angsterregenden Fotos und Filmen als reale *Gefahren* dargestellt. Die Folgen sind „*grobe Irreführungen des Publikums*", wie die Medienforschung (Kepplinger 2018, S. 68) nachweist. Übertreibungen und Überspitzungen lösen Emotionen aus. Und die Vielzahl negativer Berichte hat auch großen Einfluss auf Wähler und Politiker, Sachverständige und Richter. *Meinungsbildende Medien* nehmen hierbei eine Schlüsselrolle ein und haben aber auch eine besondere Verantwortung. Andernfalls verringert sich das Vertrauen in die Medien („Lügenpresse") und aus Vertrauen wird Misstrauen. Die Zweifel an Medien, Politik und Gesellschaft nehmen zu – und *die Unzufriedenheit der Bevölkerung wächst*.

Hoffnungen, positive Gefühle oder gar Zukunftsoptimismus haben in der Medienwelt bisher keinen rechten Platz. Es fehlt offensichtlich der Ereignischarakter. *Thrill verkauft sich besser als Flow*. Dies bestätigt eine Erfahrung, die der amerikanische Bestseller-Autor Alvin Toffler schon vor einem halben Jahrhundert machen musste. Sein Buch „Der Zukunftsschock" (1970) war Top, sein Buch „Die Zukunftschance" (1980) ein Flop. Werden Leser, Nutzer und Zuschauer durch das *Trommelfeuer ständig schlechter Nachrichten* so geprägt, dass sie fast den Glauben an eine bessere Entwicklung verlieren? Erklärt sich so die schlechte Grundstimmung („Unzufriedenheit") in der Öffentlichkeit, obwohl es den meisten Bundesbürgern *persönlich ganz gut* geht?

Wie wirken sich solche Horrorvisionen und Negativszenarien längerfristig auf das Bewusstsein und die Einstellungen der Menschen aus? Die Erfahrung zeigt: *Krisen- und Katastrophenmeldungen wirken verhaltensprägend* – bis zu einem gewissen (Zeit-)Punkt. Dann stellen sich Problemgewöhnungen ein und die Hiobsmeldungen unterliegen immer stärkeren Abnutzungserscheinungen. Problemverdrängungen setzen sich durch. Die Menschen wollen nicht länger ihr (Selbst-) Vertrauen und ihre (Selbst-)Sicherheit verlieren. Die psychische Abwehr längerfristiger Probleme (z. B. Terrorismus, Rassismus, Klimawandel) setzt sich durch. *Der Zeitfaktor wirkt und heilt*. Und die Hoffnung auf eine bessere Welt und ein besseres Leben wird stärker, ja kann im Einzelfall beinahe unbewältigte (Problem-) Berge versetzen.

Dies traf und trifft auch für die Bewältigung des Krisenjahres 2020 zu: Als hätten die Deutschen die Krise kommen sehen: Am 11. November 2019, genau drei Wochen vor dem Ausbruch der Coronakrise (am 1. Dezember wurde in Wuhan der erste Patient mit einer ungewöhnlichen Lungenerkrankung registriert) befragte ich repräsentativ 1.000 Personen ab 14 Jahren in Deutschland nach ihrer Einschätzung zur Frage: *Wie wird 2020?* Das Stimmungsbild auf den Punkt gebracht: *Auf einen Optimisten kamen mehr als doppelt so viele Pessimisten.* „Es kann alles noch viel schlimmer werden" meinten die Befragten. Dem kommenden Jahr 2020 sahen die Bundesbürger „mit großer Skepsis und gemischten Gefühlen" entgegen. Gefühlt, besorgt, vorausahnend? Nein, einfach Realität. Es folgte bundes- und weltweit die größte Krise seit Jahrzehnten.

Und dennoch haben sich die meisten Bundesbürger aus dem Stimmungstief mit eigener Kraft befreit und blicken positiv in die nahe Zukunft. Wie ist das möglich? *„Es ist 5 vor 12."* Mit diesem Arbeitstitel wollte ich selbst 2016 eine alarmistische Zukunftsstudie schreiben und veröffentlichen. „Das bist du nicht. Du bist doch Mr. Positiv." Mit diesen Worten hielt mich meine Tochter Irina, Gründerin der ersten privaten Montessori-Schule in Hamburg, von diesem Vorhaben ab. 2016 war das Jahr der Terroranschläge in Brüssel und Nizza, der kriegerischen Auseinandersetzungen in Syrien und der Ukraine und der Wahl Donald Trumps zum US-Präsidenten. In Deutschland berichtete die Bundesregierung über eine dramatische Zunahme der Hasskriminalität. Apokalypse pur weltweit? „5 vor 12" habe ich natürlich nie geschrieben. Stattdessen veröffentlichte ich gemeinsam mit meiner Tochter das Buch „Das Abraham Prinzip. Wie wir *gut und lange leben*". Ein Positiv-Szenario mit der Sinnperspektive: Wer sich um andere sorgt, lebt länger.

Woher dieser plötzliche Sinneswandel? Ich war einfach ehrlich zu mir. Die Verbreitung von Weltuntergangsstimmungen gehörte nicht zu meinem Forschungsrepertoire. Jahrzehntelang publizierte ich Problemanalysen *und* Lösungsansätze zwischen Gegenwartsbewältigung *und* Zukunftsgestaltung. Zwei Gesichter *einer* Lebenswirklichkeit. So sehe ich und so lebe ich – auch gegen Mainstream und Zeitgeistströmungen. Eine solche konsequente Vorgehensweise lässt sich lebenslang nur durchhalten, wenn sie von einem *Positiv-Bazillus* getragen wird. Was kann ich nach bestem Wissen und Gewissen tun, um die richtigen Weichen für eine lebenswerte Zukunft der nächsten Generation zu stellen? Das *Positivdenken* liegt mir im Blut und in den Genen. Ich kann nicht anders. Ich lebe sicher nicht in der Besten aller Welten. Aber ich machte und mache das Beste aus meinem Leben.

Diese Erfolgsformel des Lebens teile ich mit der jungen Fridays-for-Future-Generation: Für 86 Prozent der jungen Generation heißt die Agenda ihres Glücks im Krisenjahr 2020: „Bei mir überwiegt die positive Einstellung zum Leben. Trotz weltweiter Finanz-, Wirtschafts- und Umweltkrisen blicke ich optimistisch in die Zukunft." Die Jugend heute gilt als Generation Z, für die *Zukunft und Zuversicht dasselbe* sind. Meine Enkelin Emmy wurde im Alter von zwölf Jahren von ihren Eltern angehalten, sich einmal eine Woche lang die „Tagesschau" anzusehen. Nach sieben Tagen TV-Beobachtung fragte Emmy ihre Eltern: „Ich habe jetzt eine Woche lang *schlechte Nachrichten* gesehen. Wo kann ich die guten sehen?" Reaktion der Eltern: Erstaunen und weitgehende Sprachlosigkeit.

Schlechte Nachrichten als Dauerberieselung erzeugen nachweislich ein extremes Klima zwischen Gereiztheit, Unzufriedenheit und Stimmungsschwankung einerseits und Gewöhnung, Abstumpfung und Ablehnung andererseits. Es fehlen offensichtlich Maß und Mitte, denen öffentlich vorschnell ein Hauch von Langeweile oder „Gutmenschentum" angedichtet wird. Polarisierung lautet für Medien die Maßeinheit. Die Menschen werden in ihrer Meinungsbildung weitgehend allein gelassen. Sie müssen sich für „das eine" ODER „das andere" Lager entscheiden – zwischen Feuer oder Wasser, Gift oder Gegengift, Trump oder Biden. Anhaltend schlechte Nachrichten wirken psychologisch wie *Brandstiftung und Brandbeschleunigung* zugleich. Da kommt dann jede Feuerwehr zu spät. „Unsicherheit ist die neue Normalität." Das sagt die ehemalige EU-Vizepräsidentin Kristalina Georgiewa (2020, S. 62f.). Ihre Begründung: Wir haben „*nur Szenarien, keine Prognosen.*"

Dies trifft teilweise auch für die Wissenschaft zu. Die Soziologin Jutta Allmendinger wird nicht müde, *Negativ-Szenarien ohne Belege* in der

Öffentlichkeit zu verbreiten. Sie kündigt als Folge der Corona-Krise eine „entsetzliche Retraditionalisierung" an, in der die Frauen in ihre tradierten Rollen zurückfallen und „wir bestimmt drei Jahrzehnte verlieren". Der Publizist Alexander Neubacher (2020, S. 15) zweifelt zu Recht die Wissenschaftlichkeit solcher Aussagen an. Die These von der Rückkehr des Patriarchats in Corona-Zeiten ist nicht länger haltbar: Die Allensbach-Umfrage im Auftrag des Familienministeriums wies nach, dass sich nach mehrheitlicher Meinung der zusammenlebenden Eltern mit betreuungsbedürftigen Kindern *in der Arbeitsaufteilung nichts verändert* habe. Und auch das Deutsche Institut für Wirtschaftsforschung (Sabine Zinn) bestätigte eine im Durchschnitt *gleichmäßige Aufteilung* der Mehrbelastung zwischen Frauen und Männern.

Seit Beginn der Corona-Krise gibt es eine heimliche, fast unheimliche *Allianz von Angstpsychologen und Untergangspropheten*, die nicht müde werden, das Ende von Lebensglück und Lebenszufriedenheit während der Corona-Krise zu verkünden. Dies können Virologen genauso sein wie Soziologen. Da werden beispielsweise sinkende *Lebenszufriedenheitsquoten* der Briten, die besonders stark von den Folgen der Pandemie betroffen sind, einfach auf die deutsche Bevölkerung übertragen (vgl. Martin Schröder: Understanding Society, Panel-Umfrage 2020). Diagnostiziert wird für die Deutschen die Zerstörung eines erheblichen Teils der Lebenszufriedenheit: Vom Gefühl der Nutzlosigkeit über depressive Verstimmungen bis zur Schlaflosigkeit.

Es gibt einen hohen Grad an *Unsicherheit*. Es ist ein Paradox: Die Welt ist vernetzter und zugleich unsicherer geworden – von den Handelskonflikten zwischen China, USA und EU über den Irankonflikt und die Waldbrände in Australien bis zur Ausbreitung des Corona-Virus. Dies alles trägt zur Beunruhigung und Verunsicherung der Menschen (und auch der Märkte) bei.

Finanz-, Wirtschafts-, Umwelt- und Gesellschaftskrisen sind im Erleben der Menschen omnipräsent geworden. Der Eindruck entsteht: Es *kriselt und katastropht zu jeder Zeit an jedem Ort*. Wer so aufwächst, wie die Jugend heute, kennt fast nichts anderes als Krise und muss sich wie eine *„Generation Krise"* fühlen. Krisenstimmung ist die neue Normalität und fördert statt Aufbruchstimmung eher Untergangsstimmungen. Juli

Zeh, von Haus aus Juristin und ehemalige Richterin am Verfassungsgericht, hält diese Entwicklung für gefährlich: „Das *apokalyptische Denken und Reden* wird immer präsenter." Wenn uns ständig eingeredet wird, dass wir am Abgrund stehen und gesellschaftlich im Ausnahme- oder gar Kriegszustand sind – „dann wird es möglicherweise eines Tages auch so kommen." Das Trommelfeuer ständig negativer Nachrichten und „*Schreckensszenarien in den Medien*" lässt Katastrophengefühle aufkommen und „*verängstigt*" (Zeh 2020, S. 197f.) die Menschen. Zukunftsängste auf breiter Ebene sind die Folge.

Die Frage ist: *Wie viel mediale Panik ist noch erträglich?* Für Leitartikler ist klar: „Nur *hohe Erregung* erzielt beim Leser die erhoffte Aufmerksamkeit. Auch wir waren und sind nicht immer ganz frei davon, die Welt mit *zu aufgeregten Vokabeln* zu beschreiben" (DER SPIEGEL vom 14. März 2020, S. 6). Wenn der Leitspruch des Magazins „*Sagen, was ist*" keine bloße Worthülse sein soll, dann möchte man eigentlich bei solchen Zustandsbeschreibungen nicht in einem solchen Land leben. Deshalb hatte ich schon in einer Twitter-Meldung am 22. Februar 2020 die Frage gestellt: „*Kann aus Sprache Stimmung werden?*" Dazu zitierte ich aus dem Inhaltsverzeichnis des Magazins: „Artensterben/Atomwaffen/ Attacken/Crash/Diebe/Druck/Egomane/Gefahr/Rächer/Rassismus/ Revolution/Schädling/Scheitern/Staatsversagen/Störfaktor/Streit/ Terror/Wahnvorstellungen/düster/qualvoll/verroht." Die Medienstrategie ist klar: „Nichts begeistert uns mehr als die *Aussicht auf eine finstere Zukunft*" (Neubacher 2020).

Inzwischen konzentrieren sich die wöchentlichen Alarmmeldungen immer öfter auf „aufgeregte Vokabeln": Angst, Gefahr, Gewalt, Kampf, Krise, Macht, Missbrauch, Spaltung, Streit, Verbote … *Medien machen Meinung* – und Stimmung. Wer dies täglich liest, muss sich doch die Frage stellen: In welcher Welt leben wir? In „unserer" Welt, in der wir ganz gut leben können, oder in einer medial konstruierten Winterwelt, die uns frieren lässt? Zweifeln am Ende Leser, Nutzer und Zuschauer an sich selbst und ihrer wahrgenommenen Wirklichkeit? Ist das eine der Hauptursachen für die Stimmung („Unzufriedenheit") in Deutschland?

Nach dem Einsatz der ersten Atombombe wurde 1947 die „Doomsday Clock", die *Weltuntergangsuhr*, erfunden. Sie symbolisierte eine neue Zeiteinheit: „Sieben Minuten vor Zwölf". 2020, sieben Jahrzehnte später, haben die Herausgeber des US-Wissenschaftsmagazins „Bulletin of the Atomic Scientists" (Berichtsblatt der Atomwissenschaftler/BAS) zum ersten Mal die Uhr weiter vorgestellt – auf *100 Sekunden vor dem Weltuntergang: knapp 2 Minuten vor 12*. So nah wie nie zuvor. *Klimakrise und Cyberwar* (und nicht mehr nur Atomwaffen) deuten nach Auffassung des internationalen Expertengremiums auf eine globale Katastrophe großen Ausmaßes hin, die sich nicht mehr in Minuten, sondern nur noch in Sekunden darstellen ließ.

Die Doomsday Clock war eigentlich für den Weltuntergang durch einen Atomkrieg gedacht. Inzwischen weiten sich ganz andere Risiken weltweit aus – von der Bevölkerungsexplosion über den Klimawandel bis zum Corona-Virus. *Angst-Szenarien* beherrschen das nächste Jahrzehnt. Driftet auch Deutschland in eine Welt zwischen Babylon, Panik und Titanic? Oder ist jetzt die Stunde zum Handeln gekommen: Time to stop the Doomsday Clock! Hängt die Uhr doch einfach ab! Nicht die Uhr muss umgestellt werden, sondern unsere Einstellung zum Leben: *Alles auf Anfang*! Mut zum Neustart. Die Reset-Taste drücken und uns nicht länger von Weltuntergangspropheten und dauerhaft schlechten Nachrichten lähmen lassen. Also: Positiv denken und optimistisch das Beste aus dem Leben machen – auch und gerade in Krisenzeiten.

2. „Ich reise – also bin ich!"
Reisen bleibt die populärste Form von Glück

„Touristica Teutonica", das chronische Fernweh der Deutschen seit über 300 Jahren, lebt auch in Krisenzeiten weiter – trotz *Reisewarnungen und Reiseverboten*. Erstmals im Jahr 1700 hatte Markgraf Friedrich von Brandenburg *ein Reiseverbot erlassen*. Die zahlreichen Reisen der Deutschen in fremde Länder waren seinerzeit zu einem „großen Missbrauch" ausgeschlagen, „indem nicht allein das bare Geld außer Landes geführt, sondern auch Missbräuche und Untugenden" eingeführt wurden. Zum „Ruhm Teutscher Nation und Sprache" wurde es daher untersagt, ohne „erhaltene Permission und Erlaubnis außerhalb Teutschland und dem Römischen Reich" zu reisen.

Die Deutschen haben sich nicht an das Reiseverbot gehalten. Bereits 40 Jahre später kam J. P. Marperger nach eigenen Beobachtungen und Erfahrungen bei Reisen in verschiedene Länder zu der Erkenntnis: Die Reiselust der Deutschen übertrifft „alle Nationen des Erd-Kreises". Und 1762 verglich J. P. Koehler die Reiseintensität der Deutschen gar mit einer *„epidemischen Seuche"*. Gustav Peyer erfand im 19. Jahrhundert schließlich den Begriff des „deutschen Touristenheeres", aus dem später die „Touristica Teutonica" geboren wurde. 1950 zählte der deutsche Reiseschriftsteller Gerhard Nebel die Reiselust der Deutschen zu den *„großen westlichen Seuchen"*. Dennoch ist Reisen bis heute der Traum Nr. 1 der Deutschen geblieben: *Die populärste Form von Glück*.

Mobilität und Reisen zählen für breite Bevölkerungskreise zu den *elementaren Lebensbedürfnissen*. Die moderne Arbeitswelt stellt hohe Anforderungen an den Menschen, die er – so eine internationale Expertenkommission aus Wissenschaft, Wirtschaft und Politik schon in den 70er Jahren – „ohne Erholung in der Ferienwelt *auf die Dauer nicht ertragen* kann. Die Flucht aus dem Alltag ist zudem ein *notwendiges Ventil"* (BKF 1979, S. 8). *Touristische Bedürfnisse sind vom Alltag her geprägt*: Großstädter, die in großer Dichte zusammenleben, haben im Urlaub das Bedürfnis nach Weite (und Entfernung). Personen, die eine vorwiegend sitzende Berufstätigkeit ausüben, haben ein starkes Bedürfnis nach Bewegung, Wandern oder Sport.

Die Menschen waren mobil, noch ehe sie sesshaft wurden. Die Geschichte der Menschheit ist eine Geschichte der Mobilität, des Ortswechsels und der großen Wanderungen. Mobilität gilt als menschliches Urbedürfnis. *„Travel" und „Travail", Reisen und Arbeiten*, haben die gleiche Wortwurzel und deuten auf das gleiche Phänomen hin: Der Mensch kann auf Dauer nicht untätig in seinen eigenen vier Wänden verweilen. Psychoanalytisch gesehen bedeutet ein Reiseverzicht fast eine narzisstische Amputation, einer *Amputation des Selbstwertgefühls* vergleichbar. Ein andauernder Reiseverzicht würde zu *schmerzhaften Entzugserscheinungen* führen – genauso wie ein Leben ohne Fernsehen, Handy und Internet. Mobilität, das Raus-und-Weg-Bedürfnis, ist im Menschen angelegt. Ein dauerhaftes Verbot von Mobilität und Reisen hätte psychische Folgen – für den Einzelnen und auch für das Zusammenleben in der Gesellschaft.

> *„Wenn ich ehrlich bin, werde ich mich trotz Klimakrise in Zukunft weiter so fortbewegen wie bisher und an meinem Reiseverhalten nichts ändern."*
> (O.I.Z 2020: März 73% – Juli 50%)

Mitten in der Corona-Krise im März 2020 bekannten fast drei Viertel der Deutschen (73%) trotzig, dass sie an ihrem Reiseverhalten „nichts ändern" wollten. Daran würde auch die Klimakrise nichts ändern. Insbesondere die Ostdeutschen signalisierten eine *Trotzhaltung* und waren nicht bereit, sich ihre errungene und gewonnene *Reisefreiheit nehmen* zu lassen. 74 Prozent der Ostdeutschen pochten auf ihr Recht auf Reisefreiheit. Bei den Westdeutschen waren es 71 Prozent.

Die Bundesbürger haben sich gründlich verrechnet: Die Corona-Krise hat ihre *Reisepläne wie eine Luftblase* platzen lassen. Geradezu erdrutschartig sank der Anteil der Reiselustigen in Deutschland von 73 Prozent im März auf 50 Prozent im Juli. Weder Tschernobyl und Fukushima noch der 11. September 2001 oder die Finanzkrise um 2008/2009 haben annähernd einen solchen Absturz in den Reiseplänen der Deutschen auslösen können. Flug- und Kreuzfahrttourismus sind zum Erliegen gekommen. *Märkte und Menschen* werden sich von dieser unerwarteten Kehrtwende, die einem Stillstand gleicht, nur langsam wieder erholen können.

Die *Reiseintensität* wird 2020 einen Tiefpunkt erreichen. Die Reiselust der Deutschen aber wird dennoch ungebrochen bleiben. Denn nicht das Reisen als Statussymbol wird bei einem Reiseverzicht vermisst. Es ist eher die *Angst, im Leben etwas zu verpassen*: „Draußen geht die Post ab – und ich bin nicht dabei." Reisen ist *ein Stück vom Glück* als Kontrast zum Alltag. Dabei geht immer auch das Ich auf Reisen: *Ich reise – also bin ich!* Was folgt daraus für das Reise-Leben nach Corona?

- Exotische Fernziele werden für längere Zeit von der Landkarte der Reisesehnsüchte verschwinden, weil viele Urlauber sie sich nicht mehr leisten können oder auch wollen.

- Heimaturlaub und Inlandstourismus an Nord- und Ostsee, im Schwarzwald und in den bayerischen Bergen ersetzen als Nahziele die Fernziele. Deutschland bleibt in den nächsten Jahren das beliebteste Reiseziel.
- Billigflüge ins Ausland wird es weiter geben, kosten aber mehr als bisher.

> *„Auch in Pandemie-Zeiten lasse ich mir die Reiselust nicht nehmen und fahre mit dem eigenen Auto in den Urlaub."*
> (O.I.Z 2020: 39%)

Fast vier von zehn Bundesbürgern (39%) haben sich im Krisenjahr nicht für den Reiseverzicht, sondern für die Autoreise in den Urlaub entschieden. Das Auto hat in der Krise den Traum von den „schönsten" Tagen oder Wochen des Jahres gerettet. Flüge, Züge und Kreuzfahrten hatten das Nachsehen. Das Auto hat sich doppelt bewährt – als Transportmittel im Berufsalltag und als *krisensicheres Erlebnismobil für den Urlaub*.

Eine Renaissance des Autos hat begonnen: Ein Rückfall in die Zeiten des Autotourismus der 60er Jahre. Auch Camping und Caravaning profitieren zwischen Wohnwagen und Wohnmobil davon. Wenn die Krise länger anhält, findet die Rushhour auf den Straßen manchmal mehr in Ferienzeiten als am Feierabend statt. Die Werte des Autofahrens müssen nicht neu erfunden werden. *Das Automobil wandelt sich zum Multifunktionsmobil*, was auch den Boom der Multivans erklärt. Flexibilität und Funktionalität stehen ganz obenan. Ohne Bindung an einen Fahr- oder Flugplan können Autofahrer mobil sein, wann und wohin sie wollen. Voraussetzung dafür ist die Funktionalität des Autos: Es muss verlässlich und vielseitig, sicher und wirksam sein. Der neue Lifestyle garantiert Beweglichkeit rund um die Uhr. Frei und unabhängig sein – jenseits von Maskenzwang und „social distancing". Die Devise ist klar: *My car is my castle!*

Die bisherigen verkehrspolitischen Konzepte der Stadtplaner klingen nach law and order, sind hart- und halbherzig. In der Zukunftsforschung gilt der Grundsatz: Wer den Menschen etwas Schönes wegnimmt, muss ihnen *etwas anderes Schönes dafür geben*. Wenn das Umsteigen auf andere Verkehrsmittel breitenwirksam erfolgen soll, darf es nicht mit unzumutbaren Belastungen verbunden sein. Schnell, bequem und preiswert müssen die Alternativen zum Autoverkehr in den Städten werden. Über einen neuen „*Service von der Haustür an*" muss ernsthafter nachgedacht werden.

Die Corona-Krise hat dem boomenden *Flug- und Kreuzfahrttourismus* schlagartig den Boden unter den Füßen weggerissen. Die F- und K-Branche wird so schnell nicht wieder Boden gutmachen können und lange vom letzten Boomjahr 2019 träumen müssen. Qualität im Flug- und Kreuzfahrttourismus muss in den nächsten Jahren neu definiert werden. Urlaubsqualität hat schließlich viel mit Atmosphäre zu tun – mit *Flair, Ambiente und Wohlfühlen*. Dies musste in den letzten Monaten zwangsweise *dem Krisen-Modus geopfert* werden. Können Urlauber überhaupt noch in Atmosphäre baden oder müssen sie in Airports und Kreuzfahrtterminals in Unbequemlichkeiten und Unsicherheiten baden gehen?

Die bloße „*Weg-vom-Alltag*"-Flucht reicht bald als Motivation für eine Urlaubsreise nicht mehr aus. Orts- und Tapetenwechsel allein sind zu wenig. Zunehmend wichtiger wird die „*Hinzu*"-*Bewegung* nach einer Art „*zweitem Leben*", *erweiterter Lebensqualität* und einem *Stück vom Glück*. Urlaub im 21. Jahrhundert hat mehr mit Lebensfreude als mit Erholung von der Arbeit zu tun.

Die Überfüllung im Massentourismus *(„overtourism")* stieß in den letzten Jahren zunehmend an ihre erlebnispsychologischen Grenzen. In Krisenzeiten eskaliert die Grenzwertigkeit: Es gibt im Flug- und Kreuzfahrttourismus keine Garantie für Lebensfreude mehr. Der Service für das Wohlbefinden wird fast eingestellt. Die Qualitätsansprüche der Urlauber bleiben immer öfter auf der Strecke.

„Bett, Dach und Trog" boten die Urlaubsanbieter vor und nach dem Krieg. Bis 2019 kam höchste Qualität für jede Klasse und jede Kasse hinzu. Jetzt drohen die Corona-Einschränkungen vom Abstandsgebot bis zur Maskenpflicht zum *Atmosphärekiller* im Flug-, Kreuzfahrt- und teilweise auch im Bahntourismus zu werden, die mehr Urlaubsreisende abschrecken als anziehen. Das Sicherheitsproblem nach dem 11. September 2011 verdoppelt sich durch das Sicherheitsproblem seit der Pandemie 2020: Zur Gepäckkontrolle kommt die Gesichtskontrolle hinzu. Die Philosophie von den schönsten Wochen des Jahres wird ad absurdum geführt.

Im weltweiten Wettbewerb wandelt sich die touristische Werbestrategie: Wer unbeschwert Urlaub machen will, „muss" Urlaub *im eigenen Land* machen – oder mit dem *eigenen Auto* verreisen. Der Autotourismus der 50er und 60er Jahre („Mit dem Käfer zum Teutonengrill nach Italien") lebt auf. Der Stau auf den Straßen kann zum ständigen Urlaubsbegleiter werden.

Was also heißt in Zukunft *Urlaubsqualität*? Wer setzt die Maßstäbe? Ist der Gast noch König? Und was bedeutet im kommenden Jahrzehnt noch „Traumurlaub"? Das *Narrativ vom Urlaubsparadies* muss neu erzählt werden. Die Urlauber werden nicht mehr wirklich das Paradies suchen, sondern eher mit dem *Himmel auf Erden* zufrieden sein: Mit dem stillen Bergsee, dem Kultursommer in der Altstadt oder der wetterbeständigen Badelandschaft unter Glas. Im Zentrum des Erlebens steht das „Qualitätsprodukt Urlaub", das nicht mehr nur über den Preis verkauft werden kann. Die neuen Qualitätsmerkmale lauten: *Sicherheit. Service. Freundlichkeit.* Nur so kann in den nächsten Jahren das Niveau von 2019 wieder erreicht werden.

3. Mit neuer Zuversicht in die Zukunft. Die Rettung für Rückschläge

Im Jahr 2004 veröffentlichte ich die Zukunftsstudie „Deutschland 2020". Eine Schlüsselfrage lautete: Welche Welt erwartet die Neugeborenen, die dann 20 Jahre alt sein werden, im Jahr 2020? Für diese „Generation Next" prognostizierte ich: Die Jugend wird 2020 in einer Periode gestörten Gleichgewichts aufwachsen, in der alles in Fluss zu sein scheint. Neues und Altes passen kaum mehr zueinander. Das Ungleichgewicht wird geradezu zur Normalität: *„Es regieren weitgehend Ungewissheit, Unübersichtlichkeit und Unsicherheit.* Technologien und Ideologien wandeln und wechseln sich ab. So lange jedenfalls, bis sich die junge Generation als eine neue Generation von Gründern versteht und bereit und in der Lage ist, trotz der krisenhaften Veränderungen Neues auszuprobieren und Verantwortung zu übernehmen" (Opaschowski 2004, S. 21). Anders als in früheren Jahrzehnten, in denen es in erster Linie um die Schaffung materieller Werte und die Erhöhung von Güterproduktionen ging, steht dann die Suche nach neuen Lebensqualitäten im Mittelpunkt: Neue Bedürfnisse und neue Werthaltungen, neue Ansprüche und neue Dienstleistungen mehr individuelles Wohlbefinden und höhere Lebenszufriedenheit.

Pessimistische Voraussagen apokalyptischen Ausmaßes haben sich 2020 nicht erfüllt. Während des Shutdowns gab es nach Angaben der Landeskriminalämter in Deutschland *weniger* Fälle von *häuslicher Gewalt, weniger Wohnungseinbrüche* und *weniger Taschendiebstähle* als im Vorjahr 2019. Nur eine Straftat soll 2020 deutlich zugenommen haben: Allein in Berlin hatten sich auf den leeren Straßen die *illegalen Autorennen verdreifacht...*

Müssen wir bei der Pandemie und ihren Folgen für die Menschen an die griechische Mythologie und das Sisyphus-Schicksal denken? Die Götter hatten ihn dazu verurteilt, einen großen Stein einen Berg hinauf zu rollen. Und jedes Mal, wenn er sich dem Berggipfel näherte, verließen ihn die Kräfte – und der Stein rollte den ganzen Berg hinunter. Also musste Sisyphus wieder von vorn beginnen – und das bis in alle Ewigkeit. Ein verdammtes Schicksal, das zur Resignation verleitet. Ganz anders hingegen die Sichtweise des französischen Schriftstellers Albert Camus (Camus 1959, S. 9). Camus meinte einmal, auch ein Sisyphus kann sein *Leben als lebenswert empfinden, wenn er es nur will.* Camus stellte sich Sisyphus als einen glücklichen Menschen vor, der einen *vitalen Optimismus* verkörpert. Sisyphus hat ein Ziel vor Augen. Sind die Dauerkrisen im 21. Jahrhundert der schwere Stein, den es den Berg hinauf zu rollen gilt? So gesehen kann das Erreichen der Bergspitze auch ein Stück vom Glück sein. Wir müssen zur Kenntnis nehmen: Zukunft kann schrecklich, aber auch schrecklich schön sein. Zukunft gleicht einer Welt mit zwei Gesichtern: Im Idealfall halten sich Zukunftschancen und Zukunftsprobleme, Zukunftshoffnungen und Zukunftssorgen die Waage.

Meine Analyse der Zukunftsprobleme unserer Gesellschaft fasste ich beispielsweise am 23. Februar 2020 in folgender Twitter-Botschaft zusammen: „Deutschland droht ein doppelter Klimawandel in der Natur UND in der Gesellschaft! Die Verrohung der Sprache, Hassbotschaften und Gewaltandrohungen verändern das soziale Klima. Wo bleibt das soziale *Klimapaket* der Regierung, ein neuer *Social Deal* für den sozialen Zusammenhalt?" Die Fridays-for-Future-Bewegung müsste sich als umfassende Bewegung verstehen, die für den ökologischen UND sozialen Klimaschutz kämpft und einen möglichen Klimanotstand (‚Ihr habt keinen Plan!') verhindern hilft. Zum Klima-Risiko-Index müsste sich ein Klima-Chancen-Index gesellen. Dann hätte die Zukunftsvorsorge ein Ziel: *Wohlergehen für alle* – für die Natur, die Menschen und das ganze Land.

In Pollença auf der spanischen Mittelmeerinsel Mallorca führt die Treppe Carrer de Calvari über 365 Stufen vom Ortszentrum auf den Kalvarienberg zur Kapelle Eglésia del Calvari. Jeweils am Karfreitag führt eine Prozession die Treppe hinunter zur Kirche der Gemeinde: 365 Stufen als Symbol für 365 Tage des Jahres. Im übertragenen Sinne startete ich 2018 ein *Twitter-Experiment*: 365 Tage lang vom 1. Januar bis 31. Dezember sandte ich 365 Botschaften und Prognosen zu Zukunftsthemen via Twitter in die Welt. Ein Projekt, ein Experiment mit ungewissem Ausgang: Ich fragte mich: Wer wird mir als „Follower" auf den Kalvarienberg bei der Reise in die Zukunft folgen? Welche prognostizierten Probleme und Chancen werden Resonanz finden – und welche nicht?

Das Ergebnis hat mich überrascht: Nicht Bad News und Sensationsmeldungen, nicht Kriege, Krisen und Katastrophen wurden geklickt und geliked. Nein, am Ende des Jahres dominierten *positive Fortschrittsvisionen* für ein werthaltiges und besseres Leben. Es ging um Glückssuche und Auswege aus Vertrauensverlusten und Beziehungsproblemen. Ganz nah an dem, was Menschen *heute bewegt* und *folgenreich für morgen* ist oder sein kann. Die tägliche Resonanz der Nutzer lag zwischen 300 und 10.000 Impressions: So entstand eine Art Navigator und Zukunftspass für das *Lebensgefühl der Bevölkerung* auf dem Weg in die Welt von morgen.

Jede Krise birgt den Keim für einen neuen Anfang. Doch es ändert sich nur etwas, wenn wir uns auch selber ändern und die Zukunft ernsthaft gestalten wollen. Die weitere gesellschaftliche Entwicklung hängt wesentlich davon ab, ob wir gewillt sind, aus dem Wissen von heute einen *Handlungsbedarf für morgen* zu erkennen. Es reicht wohl nicht aus, wenn wir der jungen Generation in 20 Jahren verkünden: Das haben wir alles schon gewusst! – aber keine Antwort auf die Frage geben können: Warum habt ihr denn nichts dafür oder dagegen getan? Der Generation von morgen müssen wir heute lebenswerte Zukunftsperspektiven eröffnen.

Eine lebenswerte Zukunft beginnt für mich im Kopf – in der Bereitschaft, das Neue zu denken und das Wünschbare offensiv anzugehen. Das meinte wohl der Philosoph Karl Popper in seinem Interview am 29. Juli 1994 mit der Aufforderung: *„Es ist unsere Pflicht, optimistisch zu sein."* Ein Zukunftsforscher, der den Menschen als freihandelndes Wesen, das etwas aus sich selbst macht oder machen kann, in den Mittelpunkt stellt, „muss" von einem grundsätzlich positiven Menschenbild geprägt sein. Es ist sicher kein Zufall, dass meine erste wissenschaftliche Publikation in einer germanistischen Fachzeitschrift 1970 den Titel trug: „Der Fortschrittsbegriff im sozialen Wandel." Ausgangspunkt hierfür waren damals für mich die Schriften des jungen Jean-Jacques Rousseau zur Kulturkritik, seine Thesen von der Entwicklung vom „l'homme naturel" zum „l'homme corrumpu" und seine Feststellung, dass die Fortschritte von Erziehung, Wissenschaft und Kunst kaum etwas zur Glückseligkeit des Menschen beigetragen haben.

Rousseau stand wie Fontanelle, Montesquieu, Voltaire und Condorcet im Banne einer Zeit, in der der *Gedanke der Vervollkommnungsfähigkeit* leidenschaftlich diskutiert wurde. Über Rousseau hinaus entwickelte insbesondere Condorcet seine Idee vom „esprit humain" und von der fortschreitenden Befreiung des Individuums. Er formulierte die *These von der unendlichen Vervollkommnungsfähigkeit („perfectibilité indéfinie").* Ausdruck des Strebens nach religiöser, geistiger und politischer Befreiung war in diesem Zusammenhang auch die weite Verbreitung neuer Begriffe aus dem Wortschatz zur Zeit der französischen Revolution wie z. B. Menschenrechte (les droits de l'homme),

Brüderlichkeit (fraternité), öffentliche Meinung (l'opinion publique), Demokrat (démocrate) u. a. Drei Wörter, die in den politischen Journal-Artikeln jener Zeit am meisten gebraucht wurden, waren: *Freiheit, Fortschritt und Entwicklung.* Dies sind bis heute Leitbegriffe meiner Forschung.

Mit dem positiven Menschenbild unmittelbar verbunden ist die *Anerkennung der Unvollkommenheit des Menschen.* Dies schließt die Chance des Gelingens ebenso ein wie das Risiko des Scheiterns. Das ist positiv-realistisches Denken: Zuversichtlich sein, um Mut zu machen, einfühlend sein, um anregen und fördern zu können, aber auch kritisch hinterfragen, selbstkritisch sein und Enttäuschungen und *Rückschläge ertragen können.* Dies macht meinen persönlichen und beruflichen Spannungsbogen aus, aus dem ich Grundsätze des Handelns entwickle.

- *Aus Sachzwängen Chancen machen!*

Schwierigkeiten im Lebensalltag sind nicht als Grund für den persönlichen Verlust von Zeit und Nerven anzusehen, sondern als kreative Herausforderung und Ausgangspunkt für neue Problemlösungen und Handlungsmöglichkeiten.

- *Resignation in Innovation umsetzen!*

Innovation statt Resignation heißt, auf dem Weg über Problemlösungen neue Ideen, Impulse und Initiativen für ein lebenswertes Leben entwickeln.

- *Zum positiven Denken herausfordern!*

Das positive Denken weitertragen, auch andere für die Entwicklung und Verbesserung der eigenen Person und ihrer sozialen Umwelt gewinnen.

Eine positive Lebenshaltung ist eine gute Lebensversicherung und – nebenbei bemerkt – die wirksamste Medizin zur Lebensverlängerung. Eine solche Einstellung zum Leben geht erfahrungsgemäß mit größerer Selbstsicherheit einher. Entsprechend gering ist die Anfälligkeit für Depressionen. Selbst mit schwierigen oder unangenehmen Situationen haben positiv Gestimmte weniger Probleme. Sie beherrschen Lebenstechniken, die eine aktive Auseinandersetzung mit Problemsituationen

(z. B. Partnerverlust, Pensionierung, Krankheit) begünstigen. Meist handelt es sich um Personen, die von Geburt an ein positives Selbsterleben haben oder in Kindheit und Jugend erlebt und erlernt haben. Gene und Erbanlagen sowie Elternhaus, Erziehung und Bildung beeinflussen die positive Einstellung zum Leben am stärksten. Sie sind zugleich eine gute Vorbereitung auf ein langes Leben. Vorbereitungsseminare können die *lebenslange Prägung durch die eigene Biographie* kaum mehr ausgleichen. Aus den Biographien von über hundertjährigen Menschen geht beispielsweise eine durchgehend positive – oft auch humorvolle – Einstellung zum Leben hervor. Die Vergnügtheit und Fröhlichkeit dieser Menschen lässt sie sehr alt werden – und das Altwerden macht sie offenbar lustig. Lachen baut Konfliktstress ab und steigert die Lebensfreude.

Das positive Denken gehört zum Menschen wie der aufrechte Gang. Ohne positives Denken, ohne Hoffnungen und Träume kann der Mensch – das einzige Wesen, das die Unausweichlichkeit seines Verfalls und Todes kennt – nicht leben, ohne von dem Gedanken daran erdrückt zu werden. Mit der Entwicklungsgeschichte der Menschheit ist von Anfang an das *Wunschdenken,* der *Glaube an ein besseres Leben,* auch und gerade in krisenhaften Zeiten verbunden. Wenn das Leben in Gefahr ist oder die Lebensqualität spürbar schlechter wird, setzt der menschliche Wille zum Leben ein: Der Kampf ums Überleben, der Abschluss einer Lebensversicherung, die Teilnahme am Glücksspiel, die Begeisterung für eine neue Idee oder Religion, die Hoffnung auf Gesundheit, die Zuversicht, das gute Gefühl und der positive Glaube daran, dass es besser wird. Das lässt die Zuversicht in die Zukunft wachsen. Im biblisch-lutherischen Sinne noch am Vorabend des Weltuntergangs einen Baum pflanzen, ist bildhafter Ausdruck des positiven Impulses im Menschen. Selbst hochaltrige Menschen haben Zukunftserwartungen, die sie als erwünscht, vorteilhaft oder genussvoll empfinden. Solange sie in der Lage sind, sich eine „schöne" Zukunft auszumalen, solange ist ihr Lebenswille ungebrochen. Der spanische Cellist Pablo Casals soll auf die Frage, warum er mit 92 Jahren immer noch täglich Cello übe, geantwortet haben: *„Ich glaube, ich mache Fortschritte."*

Die Sichtweise des Auslands „Wer in Deutschland scheitert, gilt als Versager" muss als das entlarvt werden, was es ist: ein Klischee. Auch bei uns kann jeder für sich eine positive Krisenkultur entwickeln und eine *Kultur des Scheiterns* ausprobieren. Das kann beispielsweise heißen: *Stolpern. Aufstehen. Weitermachen.* Veränderungen und belastende Situationen gehören nun einmal zum täglichen Leben. Sie müssen als Herausforderungen angenommen werden, bevor sie zum Notfall werden. In Japan gibt es ein Sprichwort, wonach die Menschen wenig von ihren Siegen, aber viel von ihren Niederlagen lernen. Daher gilt es: Turbulenzen im Leben standhalten, Krisen als Chancen wahrnehmen, bei denen man viel über sich selbst erfahren kann, sowie aktiv und offensiv nach Lösungen und Perspektiven Ausschau halten. *Dann geht es immer weiter!*

Im Übrigen sollten wir uns bewusst machen: Die ständig steigende Lebenserwartung kommt nicht von selbst. Positive Lebenseinstellungen sind im wahrsten Sinne des Wortes „gesund", d. h. sie stärken nachweislich unser Immunsystem und schütten geringere Mengen des Stresshormons Kortisol aus. Wer *so* lebt, steckt sich bei Krankheiten weniger leicht an und erholt sich bei Operationen schneller. Nicht nur der Körper, auch das gesamte Leben bekommt einen positiven Schub. Ein gutes Lebensgefühl sorgt für das *Zusammenwirken von Glück und Gesundheit*.

Die O.I.Z-Umfragen weisen nach: Die Jugend blickt bemerkenswert optimistisch in die Zukunft. Auch wenn es der Jugend heute objektiv schlechter geht als ihrer Elterngeneration der Nach-68er-Jahre und eine alternde und schrumpfende Gesellschaft auf sie wartet: Die Jugend glaubt an sich und ihre Zukunft und hält wenig von Jammern oder Selbstmitleid. *Die mentale Stärke* überrascht. Die Grenzen zwischen „Ich will", „Ich kann" und „Ich muss" sind fließend geworden. Zukunftsoptimismus ist eine Lebenshaltung, die Zukunft aktiv gestalten hilft.

Für die überwiegende Mehrheit der jungen Generation in Deutschland gilt: „Ich" muss positiv in die Zukunft schauen, damit es „mir" heute gut und morgen noch besser geht. Diese Hoffnung wird zur Energie- und Kraftquelle des Lebens und Handelns: „Jetzt helfe ich mir selbst!" Die junge Generation ist durchaus in der Lage, *Wohlfühlstrategien* zu entwickeln. Sie setzt auf Glücksgefühle. Sie lernt, *das Glas halb voll und nicht halb leer* zu sehen. Dafür spricht auch, dass die meisten *Familien mit Kindern* Optimismus für „ein besonders wichtiges Erziehungsziel" halten. Muss in Zukunft Optimismus gelernt und gelebt werden, um die Herausforderungen des Lebens bestehen zu können? Nur dann kann Zukunft zum Synonym für Hoffnung und Fortschritt werden. Und je mehr German Angst uns eingeredet wird, desto größer wird unsere Sehnsucht nach einer optimistischen Erzählung, die da lautet: *„Das Leben ist schön."*

4. Besonnenheit statt Betriebsamkeit. Kühler Kopf in Krisenzeiten

Keine Gesellschaft steht still. Jedes gesellschaftliche System ist in Bewegung. Sozialer Wandel tritt überall und jederzeit auf. Gesellschaftliche Strukturen aber ändern sich nicht über Nacht. Und auch ein Wertewandel kündigt sich lange vorher an. Zu keiner Zeit war das gesellschaftliche Zusammenleben der Menschen ein völlig stabiler Zustand. Das vergangene Jahrhundert war gekennzeichnet von Auseinandersetzungen um wirtschaftliche, technische und soziale Veränderungen. Dieser gesellschaftliche Wandlungsprozess hält weiter an. Weder heute noch in Zukunft werden Ruhe und Stillstand eintreten. Insbesondere die sozialen und psychologischen Auswirkungen von Globalisierung und Digitalisierung auf die einzelnen Lebensbereiche sorgen für Bewegung und Dynamik und lösen Prozesse von Veränderung und sozialem Wandel aus. Signale hierfür sind Klimawandel und demografischer Wandel, Struktur- und Anspruchswandel, Sinnentleerung und Suche nach neuem Lebenssinn.

Mein Job ist es nicht, die Zukunft präzise vorauszusagen, sondern auf mögliche Zukünfte gut vorbereitet zu sein. 2004 veröffentlichte ich das Buch „Deutschland 2020". Darin prognostizierte ich, dass im Jahr 2020 zwei Lebenskonzepte dominieren werden (2004, S. 58):

- Erstens das *gesundheitsorientierte Lebenskonzept*, in dem Gesundheit als das wichtigste Lebensgut angesehen wird.
- Zweitens das *sozialorientierte Lebenskonzept*, in dem Partnerschaft, Familie und Kinder wieder mehr zum Lebensmittelpunkt werden.

Das war meine positive Zukunftsprognose.

Zugleich aber entwarf ich auch mögliche *pessimistische Szenarien* (S. 465f.), die aus der Sicht von 2004 „ziemlich unwahrscheinlich" waren, aber weitreichende Folgen für Wirtschaft, Politik und Gesellschaft haben können – „wenn sie eintreten". Dazu zählte ich seinerzeit u. a. die „Verseuchung der Erde durch Bakterien/Viren" und den Klimawandel durch Überschwemmungen, Erdbeben und Vulkanausbrüche." Spätestens seit Tschernobyl (1986) und Fukushima (2011) muss uns allen klar geworden sein, dass auch *ein Restrisiko Realität werden kann*: Über Sicherheitsannahmen und –voraussetzungen muss neu nachgedacht und entschieden werden. Nicht jede Katastrophe und Pandemie ist „vorhersehbar", wohl aber vorstellbar. Und das heißt: *Das Undenkbare denken, das Unerwartbare erwarten, das Unwahrscheinliche für wahrscheinlich halten und auch mit dem Unberechenbaren rechnen.*

Wir stehen derzeit am Scheidewege: Wir haben entweder eine *Phase des sozialen Niedergangs* vor uns oder wir machen eine *Periode der Erneuerung* durch (vgl. Huntington 1996/97, S. 500). Dazu gehören

- die gesellschaftliche *Aufwertung* von Familie und Kindern als Grundbausteine der Gesellschaft sowie
- eine größere *Anerkennung* sozialer Engagements und freiwilliger Mitarbeit in Vereinen und Organisationen.

Erneuerung kann auch *Revitalisierung alter Werte* bedeuten, eine Besinnung auf Kernwerte, die für das soziale Zusammenleben der Menschen unverzichtbar sind.

Eins ist sicher: Die vielfach erwartete Explosion an Lebensfreude und Konsumlust wird es so schnell nicht geben. Wohl aber ist eine deutliche *Zunahme an Zuversicht* und mitmenschlichem Vertrauen feststellbar. Familie und Nachbarschaft haben sich als verlässliche Wagenburg in Krisenzeiten bewährt. Das Bleib-zu-Hause-Gebot des Jahres 2020 hatten die Menschen geduldig ertragen. Jetzt schaffen sie sich Zug um Zug Luft – durch Bewegung: Gefragt sind Sport und Fitness, Kinos und Restaurants, Theater und Open-Air-Konzerte, Tagesausflüge und Inlandsreisen. Moderat und zögernd, mehr bewusst erlebend als extensiv auslebend. Zu spürbar sind noch die Ängste und wirtschaftlichen Folgen von Jobverlust und Kurzarbeit. Dennoch ist eine Art *neue Besonnen-*

heit angesagt: Einen kühlen Kopf bewahren und sich darauf besinnen, was wirklich wichtig im Leben ist. *Gesundheit. Sicherheit. Geborgenheit.* Die Deutschen werden mutiger, nicht unbedingt demütiger. Die Krisenerfahrung hat ihr Selbstvertrauen gestärkt. Für sich selbst sorgen, um anderen nicht zur Last zu fallen, erfährt eine Bedeutungszunahme. Hinzu kommt die *Erfahrung des Aufeinander-Angewiesen-Seins*. „Wir müssen mehr zusammenhalten" lautete das *Krisen-Credo*. Auch 2021 und die Folgejahre werden nicht frei von Krisen sein. Krisenresistenz bleibt gefordert und lässt für Egoismus wenig Platz. Damit verbunden ist ein grundlegendes Umdenken:

- Ohne Gesundheit ist fast alles nichts wert.
- Wohlstand fängt mit dem Wohlergehen an.
- Zeit wird so wertvoll wie Geld.

Die Wiederentdeckung von Zeitwohlstand durch Entschleunigung und von Beziehungsreichtum durch kontinuierliche Kontaktpflege sind ein echter Krisengewinn. Als ganz persönliche Reaktion auf die derzeitigen Krisen unserer Zeit entsteht bei den Menschen geradezu ein Wunschbild von Ruhe und Geborgenheit, beinahe eine *neue Bürgerlichkeit*. Die Menschen wollen mit der Welt ins Reine kommen und gehen auf die *Suche nach dem inneren Frieden*. Die einen *besinnen* sich auf sich und beständige Werte, die anderen entdecken Familie und Häuslichkeit in den eigenen vier Wänden wieder. Mal heißt es wie zur Zeit des Golfkriegs 1991 „*Back to the simply life*" und mal „*Cocooning*" – in Anlehnung an den Kokon, der Schutzhülle, mit der sich die Raupe des Seidenspinner-Schmetterlings von der Außenwelt abschirmt und schützt.

In der Krise zieht sich der Mensch in seinen *Zuhause-Kokon* zurück, sucht die unmittelbare Nähe zum engsten Familienkreis und den sicheren Schutz in den eigenen vier Wänden oder im eigenen Auto („My Car is my Castle") bei Außer-Haus-Aktivitäten. Auch in Post-Corona-Zeiten bleibt uns das *Pandemie-Risiko wie ein Damokles-Schwert im Leben* erhalten: Nichts ist sicher. Die alte Normalität aus der Prä-Corona-Zeit wird zwar gewünscht, aber nie ganz erreicht. Alte und neue Normalität können fortan nicht mehr deckungsgleich sein. Dafür deutet sich eine

Veränderung des Lebensstils an: *Aus Lifestyle wird wieder mehr Lebensart.*

In dieser Einschätzung stimmen die Ergebnisse der Trend- und Zukunftsforschung weitgehend überein, auch wenn sie methodisch ganz unterschiedlich vorgehen. Die moderne Trendforschung ist mehr dem Zeitgeist auf der Spur und fragt nicht nach dem Morgen. Trendforscher arbeiten journalistisch, Zukunftsforscher wissenschaftlich. Trendforscher ahnen und vermuten, Zukunftsforscher belegen und beweisen – auch eine Erklärung dafür, warum Trendforscher von „Zahlen, Daten, Fakten" (Horx 2020, S. 124) wenig wissen wollen.

Bei der Beurteilung der Ausgangssituation aber sind sich beide Richtungen einig: Die Corona-Krise wird eine *radikale Veränderung des Alltagsverhaltens* zur Folge haben und zum Überdenken liebgewordener und ‚eingefahrener' Gewohnheiten zwingen.

Inmitten dauerhafter Krisen und Umbruchsituationen entwickelt sich eine *neue Lebenshaltung*: *Besonnenheit.* Wer im Leben Besonnenheit pflegt, handelt umsichtig, vorsichtig und überlegt. Seit altersher gilt Besonnenheit (griechisch „Sophrosyne") geradezu als eine Kardinaltugend (Platon) des Nachdenkens im Unterschied zur Impulsivität. Sophokles preist in Antigone: „Aller Güter höchstes sei Besonnenheit." Artistoteles empfiehlt in seiner Ethik, „überall den rechten Zeitpunkt zu erkennen, geistesgegenwärtig zu sein". Und für Jean Paul ist Besonnenheit in seiner Schrift „Dämmerungen" eine fast heldenhafte Fähigkeit: „Die höchste Krone des Helden ist die *Besonnenheit mitten in Stürmen der Gegenwart.*"

Nicht zufällig riefen *mitten in der Corona-Krise* Bundeskanzlerin Angela Merkel, Gesundheitsminister Jens Spahn und RKI-Präsident Lothar Wieler in einer gemeinsamen Pressekonferenz am 11. März 2020 die Bevölkerung zur *Besonnenheit* auf: „Wir müssen alle *behutsam und besonnen* vorgehen" und einen *„kühlen Kopf"* bewahren. Jenseits von Krisenangst soll Besonnenheit zum guten Leben und Zusammenleben beitragen.

Es ist absehbar: Das *Leben in der Post-Corona-Welt* wird nicht frei von Existenzängsten und Sorgen sein, wozu vor allem *Job- und Einkommensverluste* gehören. Groß aber sind die Hoffnungen, gestärkt und auch verändert aus der Krise hervorzugehen. Dazu zählen ein Bewusstmachen und grundlegendes Nachdenken

- über das, was für unser Leben wirklich *wichtig* und für die Gesellschaft *systemrelevant* ist;
- über die Familie als verlässlichste *Lebensversicherung* und Garanten für den sozialen *Zusammenhalt* der Gesellschaft auch in Krisenzeiten;
- über neue Formen der Solidarität und *Hilfsbereitschaft* zwischen den Generationen;
- über eine Zivilgesellschaft, die sich verstärkt als *Mitmach- und Mitbestimmungsgesellschaft* versteht;
- über eine Neubestimmung von Schule und Unterricht mit *digitalem Lernen* („Homeschooling") und einer Reform der Lehrerausbildung mit veränderter *Lehrerrolle* als Coach, Teamer und Mentor;
- über das *Homeoffice* mit Videokonferenzen, weniger Geschäftsreisen und mehr Selbstorganisation am Arbeitsplatz;
- über den erweiterten Sinn des Wirtschaftswachstums, das dem *Wohlergehen* der Menschen UND der Märkte dient.

Alle Anzeichen sprechen dafür: Das Gemeinwohl rückt wieder mehr in den Blickpunkt. Wir sind *auf dem Sprung zu einer besseren Welt*. Dafür spricht eine neue Form von Generationengerechtigkeit: Wie seit Jahrzehnten nicht mehr begegnen sich die Generationen auf gleicher Augenhöhe. In der *Corona-Krise* solidarisierten sich die Jungen mit den Alten. Beim *Klimawandel* werden sich die Alten mit den Jungen solidarisieren. Die *Fridays-für-Future-Bewegung* wird zu einer Generationenfrage für alle. Und der Gedanke an eine bessere Zukunft verbindet Alt und Jung miteinander. So kann morgen Wirklichkeit werden, was wir uns heute schon wünschen: *Die Zukunft wird besser als wir denken!*

„Wir" – das ist in der Regel die veröffentlichte Meinung von Wirtschaft, Politik und Medien, die sich zwischen Rezessionsrisiken und anhaltender wirtschaftlicher Krise bewegt, aber bei einem Großteil der Bevölkerung keine Existenzängste auslöst. Das Vertrauen in die Wirksamkeit des Sozialstaats ist groß, die Zuversicht, in naher Zukunft wieder in die alte Normalität zurückkehren zu können, aber auch. Nach wie vor gilt ein Wort des Schriftstellers Kurt Tucholsky (Die Weltbühne/ Nr. 14 vom 17. März 1931): *„Das Volk versteht das meiste falsch, aber es fühlt das meiste richtig."*

V. „Wir sind semiglücklich!"
Das neue Leben auf dem Weg in die Post-Corona-Zeit

1. „Glückauf": Es geht aufwärts.
Leben in der semiglücklichen Gesellschaft

„Ich bin semiglücklich, weil ich zurzeit alles habe. Dennoch befürchte ich, dass meine Zukunft gefährdet ist." In verschiedenen Schülergesprächen und -befragungen wies die Bildungsforscherin Irina Pilawa, meine Tochter, im Rahmen ihrer Mitarbeit am O.I.Z ein bei Jugendlichen vorherrschendes *gespaltenes Lebensgefühl* nach. In den persönlichen Äußerungen fiel mehrfach der Begriff *„semiglücklich"* mit unterschiedlichen Begründungen: „Ich bin *temporär optimistisch!*" „Ich denke, ich werde was. Also bin ich optimistisch." „Ich bin semiglücklich, weil heute Freitag und morgen Wochenende ist."

Optimismus-Gefühle wirken wie Momentaufnahmen und sind kein Dauerzustand. Sie sind *schön, aber gefährdet* – wie das Glück im Leben auch. *Optimistisch sein heißt, sich momentan glücklich fühlen.* Solche schönen Momente möchte man möglichst lange festhalten. Das ist *Semiglück* – wohlwissend, dass die Tür zum Glück nur ein Spalt breit geöffnet ist und beim Blick nach draußen schon das nächste Stimmungstief wartet. Semiglück heißt auch, nicht immer glücklich sein zu „müssen".

Dieses Bild vom Semiglück entspricht der *Stimmungslage der Deutschen* auf dem Weg in die Post-Corona-Zeit. Ziemlich desillusioniert von den grenzenlosen Wohlstandsversprechen zur Zeit der Jahrtausendwende wandeln sich die Wünsche der Bundesbürger zunehmend *vom Immer-Mehr zum Immer-Besser*. Dabei geht es auch um Leib und Leben und nicht nur um Geld und Güter. Mit der anhaltenden Krise ist der Respekt vor einer Zukunft mit vielen offenen Fragen gewachsen. Ein *ambivalentes Lebensgefühl* macht sich breit: Sorge über das, was noch an Ungewissem kommt, aber auch Freude über das, was wieder besser wird.

Hier hilft nur *Gelassenheit*: Die unsichere Zukunft auf sich zukommen lassen, bis dahin das Beste aus dem Leben machen und immer einen „Plan B in der Tasche" haben: Bei jungen Menschen gleicht eine solche Gelassenheit mehr einer *Coolness*, bei Älteren eher einer *Besonnenheit*. Optimismus und Realismus gehen eine Vernunftehe ein. Schicksalhaft miteinander verbunden haben beide Einstellungen doch eine gewisse Eigenwertigkeit. In Dauer-Krisen-Zeiten, in denen ein Ende kaum abzusehen ist („Zweite Welle"?, „Dritte Welle"? usw.), sind positives Denken (*„Alles wird gut"*) und Pessimismus (*„Es kann alles noch viel schlimmer werden"*) gleichermaßen gefordert. Engländer würden sagen: *„Hope for the best – prepare for the worst."*

Man fühlt sich in die 60er Jahre zurückversetzt, als der Philosoph und Nietzsche-Anhänger Ludwig Marcuse verkündete: „Die große Mode ist jetzt *pessimistischer Optimismus*. Es ist zwar *alles heilbar, aber nichts heil*" (Marcuse 1967). War das nicht auch die Grundstimmung im Sommer 2020, als weltweit Lockerungen nach der Pandemie einsetzten und sich die Menschen über die neuen Freiheiten freuten, aber dem Frieden nicht trauten? In der kommenden Post-Corona-Zeit werden die Deutschen eine *Lebenshaltung des realistischen Optimismus* praktizieren müssen: Realitätsnähe mit Zuversicht bzw. Optimismus mit Bodenhaftung.

Semiglück ist nur ein Teilglück: Ganz im Gegensatz zum Königreich Bhutan, das ein eigenes *Glücksministerium* eingerichtet hat. Die Dänen gelten seit Jahrzehnten als die glücklichsten Europäer, was in der Landessprache „Lykke" heißt. Bereits vor 30 Jahren war die statistische Wahrscheinlichkeit, dass sich ein Däne glücklich fühlt, nachweislich „sechsmal höher" als bei einem Italiener (Inglehart 1989). Und die Deutschen? Ist das Klischee immer noch die Wirklichkeit? Reicht es 2020 aus, die *„pflichtbewussten" Deutschen* mit den „loyalen" Briten und den „freiheitsliebenden" Schweizern zu vergleichen (vgl. Opaschowski 2013, S. 656)?

Nein, die Deutschen öffnen und wandeln sich in Krisenzeiten. Sie knüpfen an alte Traditionen an: Das Grußwort *„Glückauf"* spielte in dem von Unglücksfällen und Katastrophen bedrohten Berufsstand der Bergleute eine existentielle Rolle. Entspricht nicht das Semiglück der Deutschen heute dem bergmännischen Lebensgefühl früherer Zeiten? Das Bergmannslied „Glückauf, der Steiger kommt ..." war ein Weckruf, wobei „auf" die Bedeutung von „aufwärts" und „empor" hatte, also die Rückkehr nach oben („zu Tage"). Glückauf heißt heute: *Es ist Licht in Sicht – es geht aufwärts!*

„Semiglücklich" lässt sich auch empirisch belegen: Nach dem Nationalen WohlstandsIndex für Deutschland (NAWI-D), den ich in Zusammenarbeit mit dem Ipsos-Institut seit 2012 kontinuierlich mit jeweils 2.000 Personen ab 14 Jahren in Deutschland durchführe, kann eine deutliche Mehrheit der Bevölkerung von sich sagen: *„Ich bin glücklich"* – auch in Krisenzeiten (Juni 2012: 57% – Juni 2019: 57% – Juni 2020: 60%). Eine stabile, aber gespaltene *60-zu-40-Gesellschaft* zeichnet sich in Deutschland ab: Fast zwei Drittel der Deutschen fühlen sich auf der Sonnenseite des Lebens, die übrigen nicht. Es dominiert ein Lebensgefühl, das mehrheitlich von Lebensrisiken und pessimistischen Einstellungen wenig wissen will.

Wir entwickeln uns in Deutschland zu einer *semiglücklichen Gesellschaft*, die keiner *Krisengesellschaft* gleicht, sondern in ihrer Lebensqualität eher in der Mitte zwischen der *Risikogesellschaft* der 80er und der *Erlebnisgesellschaft* der 90er Jahre liegt. Die meisten Bundesbürger fühlen sich derzeit trotz Krise „semihappy, not full happy", wie es der amerikanische Countrysänger Jerry Reed aus Nashville/Tennessee schon 1980 in seinem Song „I am semihappy" musikalisch zum Ausdruck brachte: Ein Leben im „Semihappy Valley", im Tal der Halb- oder Fast-Glücklichen. So lässt es sich ganz gut leben – auch in Deutschland, im Land der Fast-Glücklichen.

In der semiglücklichen Gesellschaft folgt auf jeden Rückschritt ein Fortschritt. Semiglück ist das Losungswort dafür. Nicht zufällig sprechen die Franzosen schon seit dem 18. und 19. Jahrhundert von einer besonderen Eigenheit der Deutschen: „Le bonheur allemand" – die Fähigkeit, selbst in schweren Stunden und Zeiten dem Leben irgendwie ein positive Seite abzugewinnen.

2. Wunsch nach mehr Optimismus in unserer Gesellschaft! Sehnsucht nach optimistischerer Stimmung im Land

In unerwarteten Notzeiten neigen die Menschen zu Verunsicherung, Angst und Pessimismus – normalerweise. Doch Corona setzt als anhaltende Dauerkrise ganz andere Kräfte in Gang: Ausdauer, Zuversicht und Widerstand. Man kann das auch Hoffnung oder Optimismus nennen.

Optimismus ist eine Lebenseinstellung, die darauf setzt, dass alles irgendwie gut geht und es mehr Anlass zur Zuversicht als zum Zweifel gibt. Ganz im Sinne von *„Yes, we can", „Wir schaffen das"* oder *„Andrà tutto bene"*: Die Hoffnung auf ein gutes Ende dominiert. Alles wird gut. Alles muss gut werden. In andauernden Krisenzeiten, in denen kaum ein Ende vorhersagbar ist, entdecken die Menschen den Optimismus als treibende Kraft und Mutmacher: „ICH wünsche mir mehr Optimismus in UNSERER Gesellschaft" sagen 87 Prozent der deutschen Bevölkerung – auch und gerade dann, wenn öffentlich pessimistische Grundstimmungen verbreitet werden.

> *„Ich wünsche mir mehr Optimismus in unserer Gesellschaft!"*
> (O.I.Z 2020: 87%)

Immer dann, wenn es heißt „Es ist ernst – nehmen Sie es auch ernst" (Angela Merkel 2020), sind Lebensmut und Lebensbejahung angesagt. Das kann auch Zweckoptimismus sein.

Es stimmt schon bedenklich, dass der *Wunsch nach mehr Optimismus* in unserer Gesellschaft am meisten von der *jungen Generation* im Alter von 18 bis 24 Jahren (93%) geäußert wird. Die junge Generation ist *zukunftshungrig*, wird aber in ihrem Wunsch nach einer optimistischen Grundstimmung und mehr positiven Zukunftsperspektiven vielfach alleingelassen. Welche Zukunft bietet unsere Gesellschaft der *Generation (Z)ukunft*, die berufliche und familiäre Weichen für das ganze Leben stellen will, aber in ihrer Zuversicht oft vergeblich auf den motivierenden Zuspruch der Gesellschaft wartet? Dafür spricht auch, dass sich die Familie mit Jugendlichen im Haushalt in besonderer Weise für eine Gesellschaft mit mehr Optimismus aussprechen (92%).

Auch die Bewohner im ländlichen Raum sehnen sich besonders stark (92%) nach positiven Signalen der Gesellschaft, die Anlass zu *optimistischen Erwartungen* geben. Eine solche Lebenshaltung in schwierigen Zeiten ist weder naiv noch blauäugig oder unreflektiert. Sonst wäre es nicht zu erklären, dass Universitätsabsolventen im Lager der Optimisten stärker vertreten sind (85%) als Hauptschulabsolventen (79%).

3. Rezession sorgt jeden zweiten Deutschen nicht. Aber Bevölkerung bleibt wirtschaftlich gespalten

Der Wohlstand in Deutschland hat zwei Gesichter: Das Wohlergehen der Märkte und das Wohlergehen der Menschen. In den letzten Jahren ging es der Wirtschaft gut, doch viele Menschen machten sich persönlich Sorgen um den drohenden Abschwung. Sie fragten sich, wie lange es noch so gut weitergehen kann. Trotz konjunktureller Boomzeiten *fühlten sie sich nicht richtig wohl und wohlhabend.* Sie bangten um Besitz und Geld und glaubten, in einer Wohlstandsillusion („Blase") zu leben. Die Politiker hatten mit diesem wachsenden *Unzufriedenheitsdilemma* der Bevölkerung zu kämpfen: Objektiv ging es den meisten Deutschen zwar immer besser – die Arbeitslosenzahlen sanken, die Konjunkturstimmung stieg und die Wirtschaft wuchs. Doch subjektiv fühlten sich viele immer schlechter.

Die Erklärung: Leben Menschen lange Zeit im Wohlstand, steigen ihre Ansprüche – bis hin zur Frage, was ihnen sonst noch im Leben fehlt, um wirklich glücklich und zufrieden zu sein. Während der Corona-Krise hat eine fast grenzenlose *Anspruchsinflation des Immer-Mehr* ein unerwartetes Ende gefunden. Jetzt geht es plötzlich um Leib und Leben, wozu auch das Überleben zählt. Einschränkungen des Lebensstandards werden in Kauf genommen, wenn dabei die Gesunderhaltung gesichert bleibt. Das Stimmungsbild in Deutschland wandelt sich: Die Wirtschaft sorgt sich um die Rezession, doch die Hälfte der Bevölkerung gibt sich gelassen.

> „Ich mache mir keine Sorgen um meine persönliche
> wirtschaftliche Lage."
> (O.I.Z 2020: 50%)

Für den sorglosen Teil der Bevölkerung gilt: Gesundheit ist wichtiger als Geld. Und größer als die Angst vor Wohlstandsverlusten ist vielen Bürgern die *Angst, die Selbstbestimmung im Leben zu verlieren* und ein Opfer der Pandemie zu werden. Sie fühlen sich zwar wirtschaftlich gut, sind aber verunsichert, wenn sie an die Erhaltung ihres gesundheitlichen Wohlergehens denken.

Wirtschaftlich gesehen ist die semiglückliche Gesellschaft eine *gespaltene Gesellschaft von Sorglosen (50%) und Sorgenvollen (50%)*. Zwei gleich große Lager stehen sich gegenüber. Es überrascht schon: Bei den *wirtschaftlich Sorglosen* sind die Ostdeutschen stärker vertreten (54%) als die Westdeutschen (49%), die Männer mehr (54%) als die Frauen (46%). Zur sorglosesten Generation zählen mehrheitlich die Rentner (56%).

Auf der Schattenseite des wirtschaftlichen Wohlstands leben Familien mit Kindern (42%) sowie junge Menschen im Alter von 18 bis 24 Jahren (44%). Nur eine Minderheit der Familien und der jungen Generation kann wirtschaftlch sorglos in die Zukunft schauen. Die meisten hingegen wissen nicht, wie sie die Zukunft finanziell absichern können. Dies gilt insbesondere für die Generation der 18- bis 24-Jährigen, die Ausbildung, Beruf und Familiengründung nicht zukunftsfest planen kann.

Es ist schon bemerkenswert: Die meisten Bundesbürger schätzen ihr Leben und ihre eigene Zukunft insgesamt positiv und optimistisch ein. Doch beim Blick auf ihre persönliche wirtschaftliche Lage *werden viele Optimisten zu Realisten*. Zu groß ist ihre Verunsicherung in Krisenzeiten. Weder Politiker noch Wirtschaftsexperten können verlässliche Aussagen machen. So müssen sich die Deutschen weiterhin mit ökonomischer Zukunftsungewissheit arrangieren.

4. „Ich vermisse nichts!"
Bescheidener werden als neue Glücksformel

Wie bescheiden tritt die Bibel beider Testamente auf, die den Begriff „Glück" gar nicht kennt. Die Bibel sagt einfach „Leben", wenn sie ausdrücken will, was wir heute Glück nennen. Im biblischen Verständnis verbirgt sich in unserem heutigen Streben nach Glück vielleicht nur die *Sehnsucht nach Sinnerfüllung des Lebens*. Zu einem solchen sinnerfüllten Leben gehört das *Sich-bescheiden-Können*, also die Wünsche auf ein realistisches, *erreichbares Maß* zu reduzieren. Dies ist wesentlich ein mentaler Akt. Nicht das ganz große Glück, sondern immer nur ein Stück davon („Ein bisschen ...") soll man sich in den Alltag holen, so dass noch genügend kleine Träume bleiben. Das Glück gleicht einem Mosaikbild, das sich aus lauter kleinen Freuden und Träumen des Lebens zusammensetzt.

> *„Die Corona-Krise hat meine Lebenseinstellung nachhaltig verändert: Beim Konsumieren und Geldausgeben bin ich maßvoller und bescheidener geworden und vermisse nichts."*
> (O.I.Z 2020: 58%)

In der Corona-Krise bestätigt sich eine menschliche Erfahrung: Konsumwünsche, die wir nicht kennen, vermissen wir nicht. Vielfach wird in der Öffentlichkeit die Meinung vertreten, die Corona-Krise würde unsere Lebenseinstellung grundlegend und nachhaltig verändern. Und was denkt die Bevölkerung? „Beim Konsumieren und Geldausgeben bin ich maßvoller und bescheidener geworden und vermisse nichts" (O.I.Z 2020: 58%). Es überrascht schon auf den ersten Blick: Viele Urlaubsträume zwischen Mallorca und Kroatien, Kanada und Neuseeland konnten 2020 nicht verwirklicht werden. Die Enttäuschung hielt sich dennoch in Grenzen – weil es anderen auch nicht besser ging.

Die Sensibilität für ein *Umdenken in der Konsumhaltung* ist bei den Frauen wesentlich stärker ausgeprägt (65%) als bei den Männern (52%).

Eine relativ geringe Bereitschaft zur Veränderung des Konsumverhaltens zeigen die Jugendlichen im Alter von 14 bis 24 Jahren (49%). Viele Jugendliche wollen möglichst so weiter leben und konsumieren wie bisher. Für die meisten Bundesbürger aber gilt: Sie vermissen nichts. Bis zu einem grundlegenden Umdenken zum Maßhalten und Bescheidener-Leben, wie dies für Kriegs- und Nachkriegsgenerationen galt, ist wohl noch ein weiter Weg: *Was ich brauche, das habe ich. Was ich nicht habe, brauche ich nicht.*

5. Sinn. Besinnung. Besonnenheit. Corona-Krise löst Nachdenklichkeit aus

Findet ein Wandel von der Flucht in die Sinne zur Suche nach dem Sinn statt? Oder ist das nur eine Wunschvorstellung im Sinne einer neuen Political-Correctness-Formel: Lebenssinn statt Lifestyle? Erfahrungsgemäß wächst in Krisenzeiten die Sehnsucht nach Sinn, das Nach-, Neu- und Weiterdenken zur Frage: *Wie will ich eigentlich leben?* Wenn die Corona-Krise uns und die Gesellschaft verändert, dann kann dies auch im Einzelfall eine *Veränderung der Sinnbiographie* zur Folge haben.

> *„Während der Corona-Krise habe ich öfter über mich und mein Leben nachgedacht."*
> (O.I.Z 2020: 67%)

Die Corona-Krise hat in der Bevölkerung die Sinnfrage des Lebens neu gestellt. Zwei Drittel (67%) der Deutschen haben „während" der Krise „öfter" über sich und ihr Leben nachgedacht. Der plötzliche Lockdown – sozusagen von einem Tag auf den anderen – wirkte auf viele Menschen *wie ein Stillstand des öffentlichen und privaten Lebens* und löste eine Art Innehalten aus: Alles auf Anfang! Frauen dachten dabei deutlich mehr (71%) als Männer (63%) über die Sinnorientierung des Lebens nach. Auch die 50plus-Generation (71%) nahm dies zum Anlass einer Neubesinnung, während sich die junge Generation der 14- bis 24-Jährigen weniger Gedanken (54%) darüber machte. Die Reflexionen über das eigene Leben waren unterschiedlich ausgeprägt – bei den Höhergebildeten mehr als bei den unteren Bildungsschichten und bei den Verheirateten mehr als bei den Singles.

Manche gingen in sich, dachten vielleicht demütig über ihren erreichten Wohlstand nach. Andere träumten von einem einfacheren Leben oder einer besseren Welt. Viele Gedanken bewegten sich zwischen Sinn, Besinnung und Besonnenheit, zwischen Hoffen und Handeln, Wagen und Tun. Bei allen ging es beim Nachdenken im Kern darum, weiter gut zu leben und nicht nur zu überleben. Hat die Krise das *Zukunftscredo „Weniger ist mehr"* realistischer und sinnerfüllter werden lassen? Wie sagte neulich mein Enkel Julius, der 21-jährige BWL-Student: „Die Krise hat auch ihre Vorteile. Man lernt, das schöne Zuhause zu schätzen. Wir bauen jetzt Tomaten im Garten an." Und der 16-jährige Enkel Juri hat als persönliche Krisen-Therapie den Aktiv-Sport neu entdeckt – als Alternative zur „gemütlichen Couch bei Oma und Opa ..." Der Wandel vom Hunger nach Mehr zum *Hunger nach Sinn* hat vielleicht gerade erst begonnen.

6. Die Politiker schaffen es!
Hohe Zufriedenheit mit dem
Krisenmanagement der Regierung

Noch im November 2019 – vor dem Ausbruch der weltweiten Pandemie – war sich eine knappe Mehrheit (53%) der Deutschen einig: „Die Politiker sind den Herausforderungen der Zeit immer weniger gewachsen" (O.I.Z 2019). Wie würde wohl die Bevölkerung reagieren, wenn Corona, die größte Herausforderung seit dem Zweiten Weltkrieg" (A. Merkel), auf das Land zukäme? 2020 war es so weit – und die Deutschen stellten der Politik ein überraschend positives Zeugnis aus.

> *„Mit dem Krisenmanagement der Regierung*
> *bin ich zufrieden."*
> (O.I.Z 2020: 65%)

Stimmungswechsel ist in Deutschland angesagt. Politik- und Politikerverdrossenheit geraten in Vergessenheit. Zwei Drittel (65%) der Deutschen vertreten die Auffassung: Die Politiker haben sich in der Krise bewährt und sich wieder mehr um das Gemeinwohl als um den Machterhalt gekümmert. Politiker haben an Akzeptanz und Glaubwürdigkeit gewonnen, weil sie sich in der Krise für Fürsorge, Vorsorge und soziale Absicherung engagieren.

Hat die Corona-Krise die Vertrauenskrise der Bürger gestoppt? Kurz vor der Krise hatte das Zutrauen der Bevölkerung in die Leistung der Regierung und die politische Stabilität des Staates geradezu erdrutschartig einen Tiefpunkt erreicht (vgl. Köcher 2019). Inzwischen hat die Politik *Krisenkompetenz bewiesen*. Mit der Dauer der Krise nimmt auch die Zufriedenheit mit der Regierung wieder zu und wächst das Vertrauen in die Handlungsfähigkeit des Staates. Politikverdrossenheit, das Wort des Jahres 1992 in Deutschland, ist Geschichte.

Andererseits ist bei der Beurteilung der Politikerleistungen auch eine deutliche *Generationenkluft* feststellbar. Fast drei Viertel der Rentnergeneration (72%) sind von der Krisenkompetenz der Regierung voll überzeugt. Deutlich zurückhaltender äußert sich die *Fridays-for-Future-Generation* (58%): Für die 14- bis 24-Jährigen hat die Regierung die Corona-Krise zwar gut gemeistert, dabei aber offensichtlich die *Umweltfrage* weitgehend aus dem Blick verloren.

Die Repräsentativumfrage fand im Juli 2020 statt, nachdem die ersten Lockerungsmaßnahmen beschlossen und Auslandsreisen wieder möglich waren. Im Rückblick der vergangenen drei Monate fiel die Bewertung der Regierungsarbeit keineswegs überraschend äußerst positiv aus – wenn auch ungleichgewichtig: Landbewohner äußern sich zurückhaltender (50%) als Großstädter (66%). Im Umkehrschluss bedeutet dies: Jeder zweite Bewohner im ländlichen Raum zeigt sich mit der Krisenbewältigung der Politiker nicht zufrieden. Für die Politik heißt dies: Es gibt noch viel zu tun.

7. Politik muss Jugend Mut zur Zukunft machen! Bevölkerung fordert weitsichtige Lösungsansätze

Als Angela Merkel auf der Zukunftskonferenz am 18. Mai 2009 in Berlin gefragt wurde, was sie unter „Zukunft" versteht, antwortete sie: „Die nächsten drei Monate." Würde sie heute sagen: „Die nächsten drei Tage"? Was ist dies für eine Perspektive – für das Land, die Menschen und die kommenden Generationen? Muss nicht in der Bevölkerung der Eindruck einer Politik des Abwartens und Reagierens entstehen – *von Krise zu Krise?* Die aktuelle Krise wird bewältigt, die nächste Krise erwartet.

Politiker und Wissenschaftler haben eines gemeinsam: *Verantwortung.* Nur gemeinsam können sie den sozialen Wandel aktiv gestalten. Dazu reicht es aber nicht, Verantwortung nur für das Hier und Jetzt zu tragen. Erforderlich ist ein Verantwortungsbewusstsein für das Wohl der kommenden Generation. In diese Richtung zielt die Forderung der Bevölkerung an die Politik, insbesondere in Krisenzeiten *mehr Weitsicht zu wagen,* damit die kommende Generation eine lebenswerte Zukunftsperspektive vor Augen hat.

> *„In gesellschaftlichen Krisenzeiten müssen Politiker und Parteien weitsichtige Lösungsansätze anbieten, die der Jugend Mut zur Zukunft machen."*
> (O.I.Z 2020: 89%)

Der *Hilferuf der Bevölkerung* ist unüberhörbar: 89 Prozent der Deutschen nehmen Politiker und Parteien in die Pflicht und fordern weitsichtige Lösungsansätze, so unsicher sie in Krisenzeiten auch sein mögen. Erhofft und erwartet wird ein Forecasting-Spektrum zwischen „best case" und „worst case". Wie sieht die *politische Agenda auf dem Weg in eine Post-Corona-Ära* aus? Wird heute schon konkret über politische Handlungskonzepte nachgedacht?

Die Politik soll der Jugend *„Mut zur Zukunft machen".* Dies fordern 92 Prozent der 14- bis 24-Jährigen. *Politiker sollen Problemlöser und*

Mutmacher zugleich sein. Sonst droht die junge Generation zur *Generation der Gekniffenen in Corona-Zeiten* zu werden. Statt Start-up ins Leben heißt es dann Lockdown in der Krise. Das kann keine Perspektive für eine zukunftsorientierte *Post-Corona-Agenda* sein. Und sie ist folgenreich und verhängnisvoll, weil die junge Generation auf der Krisen-Strecke zu bleiben droht und ihre Lebens-, Berufs- und Karrierepläne geopfert werden.

Ja, Deutschland braucht ei*ne Vision – für die nächste Generation.* Wenn jedoch das Leben der Berufseinsteiger und Familiengründer keine Vision hat, dann gibt es auch kein Motiv, sich anzustrengen, Initiative zu entwickeln und Verantwortung zu übernehmen. Die Politik muss Weitsicht wagen und dabei problematische Krisenszenarien ebenso einschließen wie Machbarkeitsstudien zu lebenswerten Zukunftskonzepten.

Wer in der Politik den Auftrag zur *Daseinsvorsorge* ernst nimmt, muss Vorausschau („Foresight") leisten. Vorausschauende und vorsorgende Politik kann ein Synonym für Nachhaltigkeit werden: *Weitsicht ist Zukunftspflicht!* Das können und müssen auch mutige Visionen sein. *Visionen sind keine Illusionen*: Illusionen kann man zerstören, Visionen nie.

VI. Anhang

1. „Hilf dir selbst – bevor der Staat dir hilft!"
(M)ein Leben in Krisenzeiten

„Der Mann trägt den Optimismus vor sich her. Was er zur Zukunft sagt, löst in den Fakten Sorgen, in den Schlüssen aber Zuversicht aus." Dies war die Quintessenz eines Presseberichts über meinen Vortrag im Januar 2004 im Rahmen der Reihe „Top Talk Cologne", den die Kölnische Rundschau unter dem Titel „Mehr Last – und dabei mehr Freude" so zusammenfasste: „Hilf dir selbst hat Zukunft." *Hilf dir selbst – so hilft dir Gott* könnte ein Leitspruch meines Lebens gewesen sein – ganz im Geist des altgriechischen Dichters Äsop, von dem im 6. Jahrhundert v. Chr. der Satz überliefert ist: „Die Götter helfen denen, die sich selbst helfen."

Das erinnert mich an eine Geschichte, die beinahe einer Predigt von der Kanzel gleicht: Es war einmal ein gläubiger Mensch. Während einer riesigen Überschwemmung rettet er sich auf das Dach seines Hauses. Die Fluten steigen und steigen. Eine Rettungsmannschaft kommt in einem Boot vorbei und will ihn mitnehmen. „Nein, danke", sagt er. „Gott wird mich retten." Die Nacht bricht an – und das Wasser steigt weiter. Der Mann klettert auf den Schornstein. Wieder kommt ein Boot vorbei. Die Helfer rufen, er solle endlich einsteigen. „Nein, danke" erwidert der Mann nur. „Gott wird mich retten." Schließlich kommt ein Hubschrauber. Die Besatzung sieht ihn im Scheinwerferlicht auf dem Schornstein sitzen – das Wasser bis zum Kinn. „Nehmen Sie die Strickleiter", ruft einer der Männer. „Nein, danke", antwortet der Mann. „Gott wird mich retten." Das Wasser steigt weiter – und der Mann ertrinkt. Als er in den Himmel kommt, beschwert er sich bei Gott: „Mein Leben lang habe ich treu an dich geglaubt. Warum hast du mich nicht gerettet?" Gott sieht ihn erstaunt an: „Ich habe dir zwei Boote und einen Hubschrauber geschickt. Worauf hast du gewartet?" *Selbstvertrauen und Gottvertrauen* gehören wohl zusammen. Der Glaube daran spielt dabei eine entscheidende Rolle.

Glaube, Zuversicht und positives Denken bestimmen mein ganzes Leben – als treibende Kraft für Veränderungen. Auf diese Weise geht es immer wieder weiter – trotz oder gerade wegen heftiger Stürme des Lebens. Ich bin ein Kriegs- und Flüchtlingskind, habe zehn Jahre meiner Kindheit in Heimen verbracht. Hospitalismusschäden kenne ich nur aus der Forschung. Ich ging stattdessen „meinen" Weg – in festem Glauben daran, dass es Wege und *Auswege aus vermeintlich ausweglosen Situationen* gibt. Es gibt ein *Schlüsselerlebnis aus meiner Kindheit*, das erklärt, warum ich glaube, dass es immer Licht-Blicke im Leben gibt. Der Kinderglaube ist vielleicht der reinste Glaube, der Berge im Leben versetzen kann. Im Kinderglauben scheint nichts unmöglich zu sein.

So war auch das kleine Glaubenswunder, das ich zeitlebens nicht vergessen werde: Frühjahr 1950. In der katholischen Stadtkirche zu Amberg in der Oberpfalz läuteten die Glocken. Der Bischof war zu Gast. Durch Gassen und mittelalterliche Tore strömten die Gläubigen. Drangvolle Enge herrschte im Kirchenschiff, zumal Eltern, Großeltern und Familienangehörige bei der Firmung ihrer Kinder dabei sein wollten. Jeder Firmling hatte einen Firmpaten, der beim Gang zum Altar dem Kind zur Seite stand und seine Hand zur Stärkung auf die rechte Schulter legte. *Nur ich – ich kam allein.* Niemand stand mir zur Seite. Nach einer schlaflosen Nacht war ich morgens allein vom Kinderheim oben auf dem Berg zu „meiner" Firmung nach unten in die Stadtkirche auf den Marktplatz gelaufen. Hier stand ich: *Allein – unter lauter fremden Menschen und Familien.*

Gegen Ende des Pontifikalamtes wurden die Firmkinder namentlich aufgerufen. Sie gingen an der Hand des Paten stolz zum Altar. Als mein Name fiel, war es mit meiner Fassung vorbei. Weinend ging ich nach vorne – den Blick auf den thronenden Bischof gerichtet und immer wieder vor mich hersagend: *„Lieber Gott, hilf mir!"* Ich kniete vor dem Bischof nieder und sah in sein entsetztes Gesicht. Doch plötzlich blitzten sein Augen auf und begannen zu leuchten. Es war wie ein kleines Wunder: Ein mir bis heute unbekannter Pate hatte sich ein Herz gefasst, war zum Altar gekommen und hatte seine Hand auf meine Schulter gelegt. Ich war so glücklich. Ich war gerettet. Und ich war überzeugt: Mein Glaube hat mir geholfen. Bis zur letzten Minute hatte ich die Hoffnung auf Hilfe, ja Gottes-Hilfe nicht aufgegeben. Und nun war er da – „mein" Pate. Der Bischof lächelte. Dann gab er mir ein Zeichen, ruhig aufzustehen. Ich drehte mich um. Der Pate war auf einmal nicht mehr da. Ich habe ihn nie wieder gesehen ...

Vielleicht ist die Firmung seinerzeit für mich eine Stärkung und Verfestigung meines positiven Denkens gewesen. Der Glaube und die Überzeugung im Sinne Bertolt Brechts im Theaterstück „Der gute Mensch von Sezuan" („*Es muss einen guten Schluss geben – muss, muss, muss*") war und ist für mich wie ein Lebenselixier: Es ersetzt die Lebensangst durch Selbstvertrauen und die Zweifel durch die positive Selbstgewissheit, dass es ein gutes Ende gibt. Einen solchen *gefühlten und gelebten Optimismus* – auf dem Boden harter Realität – muss man sich auch „in schwieriger Zeit" leisten können, damit es aufwärts geht und das eigene Leben nicht stehenbleibt: Selbst auf die Gefahr hin, einmal den Boden unter den Füßen zu verlieren, weil das Leben und berufliche Wirken einer Risikofahrt gleicht – wie es die Süddeutsche Zeitung in einer Rezension in das Bild brachte: „*Ein Buch von Opaschowski ist wie eine Achterbahnfahrt. Man liest sich zunächst in freie, luftige Höhen und saust dann mit Blick auf die Realität wieder in die Tiefen gesellschaftlicher Verwerfungen. Dennoch löst man bei Opaschowski immer wieder eine Fahrkarte*" (Peter Felixberger).

Mitten in der heißen Zeit der Nach-68er-Jahre bewarb ich mich als Wissenschaftlicher Assistent für Erziehungswissenschaft um eine Professorenstelle für Sozialpädagogik. Wir schrieben das Jahr 1972: Der Bericht an den Club of Rome über die „Grenzen des Wachstums" wurde veröffentlicht, der „Radikalenerlass" über die Fernhaltung politischer Extremisten aus dem Öffentlichen Dienst verabschiedet. Zugleich setzte die größte Fahndungsaktion in der Geschichte der Bundesrepublik nach den RAF-Mitgliedern Andreas Baader, Holger Meins und Jan-Carl Raspe ein. Stichworte wie „Verelendung der Gesellschaft" und „antikapitalistische Sozialarbeit" beherrschten die Fachdiskussion jener unruhigen Zeit.

Jedes „Vorsingen" (= Jargon für die Probevorlesung bei der Bewerbung um eine Professorenstelle an einer Universität) hatte in der Nach-68er-Zeit mit einem *emanzipatorischen und gesellschaftskritischen*

Glaubensbekenntnis zu beginnen. Dem Zeitgeist entsprechend hielt ich in meiner Vorlesung ein flammendes Plädoyer gegen die asoziale Gesellschaft und listete einen ganzen Katalog sozialer Nöte auf. Bevor ich entsprechende Konsequenzen zum politischen Handeln formulierte, beendete ich meine Gesellschaftsanalyse mit den Worten: „Die gegenwärtige Sozialmisere ist durch Caritas und Philanthropie allein nicht mehr zu beseitigen." Dabei erinnerte ich die politischen Entscheidungsträger an den Paragraphen 330c des Strafgesetzbuches, der jeden von uns verpflichtet, „bei Unglücksfällen, gemeiner Gefahr oder Not" helfend einzugreifen. Tun wir es nicht, so droht uns eine Freiheitsstrafe.

Wie viele Parlamentarier und Politiker, so fragte ich damals, verstoßen Tag für Tag durch „unterlassene Hilfeleistung" gegen das Gesetz, weil sie weder persönlich noch gesetzlich in Notfälle eingreifen? Entsprechend konsequent sahen 1972 meine Maßnahmenvorschläge zur „Resozialisierung" einer „asozialen Gesellschaft" aus – vom systematischen Ausbau der Kinderbetreuungseinrichtungen bis zur vorrangigen Förderung von Mehrfamilienhäusern anstelle von Altersheimen. Jetzt, fast ein halbes Jahrhundert später, würde ich den Maßnahmenkatalog wohl ähnlich formulieren.

Ich war damals gerade 31 Jahre alt, hatte die Thesen beherzt und engagiert vorgetragen, aber ein etwas konsterniertes und ratloses Berufungsgremium nach meiner Abreise zurückgelassen. Ich bekam die Professorenstelle – natürlich nicht. Nach Abschluss des Berufungsverfahrens fragte ich couragiert nach: „Warum haben Sie mich nicht auf die erste Stelle der Berufungsliste gesetzt?" Antwort: „Ihre Vorlesung war viel zu positiv!" „Das kann doch nicht sein", entgegnete ich. „Ich habe 45 Minuten lang nur über Probleme geredet." „Ja, das schon", so der Professor. *„Sie haben aber alle Probleme gelöst."* Das war offensichtlich nicht vorgesehen und auch nicht gewünscht – schon gar nicht bei einer Professur für Sozialpädagogik, die doch von sozialen Notständen lebt und sich nicht überflüssig machen darf.

Inzwischen ist ein halbes Jahrhundert vergangen. Jetzt bin ich Zukunftsforscher. Die Kraft des positiven Denkens beherrscht nach wie vor meine Forschungsarbeit. Ich betreibe von Berufs wegen eine *Wissenschaft gegen Zukunftsangst* und mache Immanuel Kants berühmte

Fragen „Was können wir wissen? Was sollen wir tun? Was dürfen wir hoffen?" zu Leitprinzipien des Handelns: Zukunft ist nur ein anderes Wort für Hoffnung. Und: *Vision, Mission und Profession gehören für mich zusammen.* Wie sagte ein Studienfreund kürzlich zu mir: „Sendungsbewusstsein gehört zu Deinem Job." In meiner beruflichen Tätigkeit muss ich mitunter auch ein (Sozial-)Romantiker sein können, ohne deshalb die Schnittmengen mit gesellschaftlichen Problemen und Konflikten aus den Augen zu verlieren. Ich wäre übrigens gern einmal Bildhauer geworden, hatte aber weder Talent noch Gelegenheit dazu. Auch ohne Meißel betreibe ich mitunter mit der Sprache Bildhauerei und schaffe neue Wörter vom Freizeitstress über die Generation @ bis zum Semiglück.

Unlängst hielt ich einen öffentlichen Vortrag. Unmittelbar danach meldeten sich zwei Zuhörer zu Wort. „Das ist ja eine Horrorvision" meinte der eine. „Ihre Ausführungen sind viel zu optimistisch" entgegnete der andere. Widerspruch hin, Widerspruch her: So agiere ich zeitlebens – in der Doppelrolle des Schwarzsehers und Weichzeichners zugleich. Als Schwarzseher sorge ich mich um das Schicksal der Verlierer und als Weichzeichner befasse ich mich mit den Gewinnern dieser Gesellschaft. So gesehen habe ich in beiden Rollen Recht. Als Pessimist werde ich zurückgeworfen, als Optimist geht es für mich immer wieder weiter. *Als Pessimist rede ich von Krise und Konflikten, als Optimist von Change und Chance.*

Als ich im April 2010 in der SWR Hörfunk-Reihe „AULA" zum Thema „Leb wohl, Wohlstand!" sprach, vergingen keine zwei Stunden und die erste Email eines Hörers traf bei mir mit der Frage ein: „Haben Sie schon einmal darüber nachgedacht, dass man Sie als ‚Gewissensbisser' braucht?" Ich fühlte mich bei der Frage an Hiob 15, 32 erinnert: „Mein Gewissen beißt mich nicht." Ich forsche und schreibe, wie man sagt, nach bestem Wissen und Gewissen – was nicht ausschließt, dass ich Einzelnen oder Gruppen *ins Gewissen rede.* Dies heißt: An soziale Pflichten erinnern, an andere und nicht nur an sich selbst denken. Ein gutes Gewissen ist bekanntlich ein sanftes Ruhekissen.

„Hilf dir selbst" könnte auch eine Leitlinie im Corona-Krisenjahr 2020 gewesen sein: Bleib zuhause und schütze dich und deine Mit-

menschen. Auch ich blieb ab Frühjahr zuhause – und schrieb dieses Buch über das Leben in Deutschland, über mich und meine Familie. Die 20-jährige Enkelin Emmy überraschte meine Frau und mich. Sie dichtete, komponierte und sang auf einer CD ein rührseliges Lied „Oma und Opa, ich hab' euch immer so gern besucht ..." Und im Garten kam uns die achtjährige Enkelin Nova entgegen mit den Worten: „Ihr seht aber gut aus. Ich würd' euch so gerne drücken..." Die Krise machte emotionale *Verarmungen ohne Umarmungen* sicht- und spürbar.

Ich bin ein *Kriegskind*. Daher weiß ich, was emotionale Defizite bedeuten. Bei Kriegsende mit anderen Waisenkindern im Alter von vier Jahren in einem von Nonnen betreuten Kinderheim ‚abgeliefert', habe ich meine Kindheit (und nicht nur mein Leben) ohne Elternhaus und Familienleben verbracht. Jetzt werde ich 80 Jahre alt – und lebe! *Jeder Tag ist ein Gewinn*, auch in Krisenzeiten. Krise, welche Krise? Dank eines langen Lebens *fühle ich mich mittlerweile wie ein erfahrener Krisen-Profi:* von der Kubakrise (1962) über die Öl-/Energie-Krise (1972/73), Tschernobyl (1986), Golf-Krise (1991), 11. September 2001 bis zur Finanz- und Wirtschaftskrise 2008/09. Ich habe alle Krisen durchlebt und bewältigt – auch die Corona-Krise 2020, die „größte Herausforderung seit dem Zweiten Weltkrieg" (Angela Merkel). Und wie geht es weiter?

Der Blick auf das, was gesellschaftlich, politisch, ökonomisch und sozial zu erwarten ist, kann auch bei mir nicht ungetrübt sein. Zwar setze ich meine ganze Hoffnung auf den *Vierklang „Familie/Freunde/Freiheit/Frieden"* – sicher kann ich mir aber nicht sein. Dennoch kämpfe ich unbeirrt weiter – *wider den Zeitgeist* gegen negative Grundstimmungen in Deutschland und ständige Krisenberichte zwischen Katastrophe und Apokalypse. Zukunft ist für mich ein anderes Wort für *Fortschritt* (nicht für Stillstand) und für *Hoffnung* (nicht für Angst).

Dabei kann ich mich zum Glück auf den „Hoffnungsträger Jugend" stützen, der von eingeredeten Untergangsstimmungen wenig wissen will. Genauso wie die nächste Generation wehre ich mich gegen eine bleierne Ängstlichkeit und eine professionelle Lust an Untergangsszenarien. Nein, die Apokalypse findet für die Menschen nicht statt. Und Untergangspropheten werden empirisch widerlegt, wenn sie ohne Belege apodiktisch verkünden: Die These, viele Menschen würden „ein bescheidendes, aber glücklicheres Leben führen", sei schlichtweg „falsch". Und die neue Nachdenklichkeit über die Folgen der Krise mache „gar nichts besser" (Neubacher 2020, S. 29).

Sehe ich das falsch? Nein, die überwiegende Mehrheit der Bevölkerung steht auf meiner Seite: 87 Prozent der Deutschen wünschen sich *„mehr Optimismus in unserer Gesellschaft"*, um handlungsfähig zu bleiben und weiter „optimistisch in die Zukunft zu blicken" (84%). Die Krise soll zur Chance werden. Nicht zufällig haben die Chinesen für „Krise" und „Chance" nur ein Schriftzeichen. Rein rechnerisch mögen die Zukunftsrisiken eine größere Wahrscheinlichkeit haben. Aber: Als Zukunftsforscher arbeite, lebe und kämpfe ich für die Zukunftschancen. Und als Nichtökonom tausche ich mich zur Absicherung öfter mit meinem Sohn Alexander aus, der als Wirtschaftsprüfer zur Zeit in New York beruflich tätig ist. Da erreichen mich dann Antworten wie „Das sind tatsächlich gute Thesen, aber …" Während meine Tochter Irina in gemeinsamen Forschungs- und Buchprojekten mit mir kooperiert, agiert Alexander mehr in der wichtigen *Rolle des Gegenanwalts*.

„Was wärst du ohne deine Elke": Im Familien- und Freundeskreis kursiert dieses geflügelte Wort – zu Recht. Während des Studiums heirateten wir und sind seit über 50 Jahren eine Lebens- und Arbeitsgemeinschaft. Meine Frau begleitet mich seither im Familienleben und im Berufsleben auch – als Managerin und Assistentin, Beraterin, Lektorin und Kritikerin zugleich. Mein 2013 veröffentlichtes Buch „Deutschland 2030" enthält die Widmung: „Für Elke, mit der meine Zukunft begann." Die Widmung gilt weiterhin. Wertschätzung, Anerkennung und Dank für Elke: Meine Zukunft.

2. Zukunftshaus Deutschland. Das neue Leben der Deutschen auf dem Weg in die Post-Corona-Zeit

Am 18. Mai 2009 nahm ich als Referent an einer Zukunftskonferenz in Berlin teil. Bundeskanzlerin Angela Merkel eröffnete die Konferenz mit den Worten: „Wir leben in einer Zeit, in der wir uns im Wesentlichen mit der Rückschau beschäftigen. Deshalb wünsche ich mir, dass wir die *Zukunft als einen Raum von Möglichkeiten verstehen"*. Die Kanzlerin wünschte sich Antworten auf die Frage „Was wäre, wenn?" sowie Denkanstöße und langfristige Perspektiven: „Wir müssen *mehr über Ziele reden*" (vgl. Felixberger 2009, S. 12). Damit allein ist es nicht getan. Der Weg zur *Umsetzung* solcher Ziele ist gepflastert mit Hindernissen. Dennoch lohnt es sich, diesen Weg zu gehen.

In der vorliegenden Forschungsstudie haben die Ziele einen Namen: „*Zukunftshaus* Deutschland". Die Studie liefert die *Bausteine* hierfür. Doch wie stabil und verlässlich können sie sein? Der Politik wird oft der Vorwurf gemacht, sie regiere am *Lebensgefühl der Bevölkerung* vorbei. Wer sich jedoch die einzelnen Bausteine des folgenden Zukunftsgebäudes ansieht, muss sich um die politischen Prioritäten nicht länger Sorgen machen. Der Weg ist das Ziel. Trotz schwieriger Krisenzeiten resignieren die Deutschen nicht. Sie bauen sich ihr Zukunftshaus selbst: *So wollen wir leben – in der Post-Corona-Ära!*

Eine überwältigende Mehrheit der deutschen Bevölkerung sagt, wohin die Reise geht – individuell und gesellschaftlich. Die formulierten Ziele gleichen in Zeiten der Verunsicherung „gefühlten Wahrheiten". In den Vorstellungen über das Leben in der Post-Corona-Ära deutet die Vorsilbe „Post" darauf hin, dass wir noch „nicht genau wissen" (Renn 2019, S. 154), wie sich die Krise weiterentwickelt. Aber der Wille ist da: *Das Wünschenswerte soll Wirklichkeit werden.*

Es kann auch in Zukunft nicht Aufgabe des Staates sein, jedem Bürger ein sorgenfreies und glückliches Leben zu garantieren, was gesellschaftlich gar nicht wünschenswert wäre. Denn wahrgenommene Defizite stellen eine wichtige Antriebskraft für individuelle Veränderungen und sozialen Wandel dar. Aufgabe staatlicher Politik ist es vielmehr, solche Lebensbedingungen zu schaffen, unter denen die Bürger über genügend Ressourcen und Kompetenzen verfügen, sich um ihr subjektives Wohlergehen selbst zu kümmern. Menschen fühlen sich subjektiv immer dann am wohlsten, wenn Ansprüche, Möglichkeiten und Grenzen im Gleichgewicht sind: Das ist Semiglück.

ZUKUNFTSHAUS DEUTSCHLAND
Die semiglückliche Gesellschaft
Das neue Leben der Deutschen auf dem Weg in die Post-Corona-Zeit

Gesundheit & Umwelt
- Ohne Gesundheit ist fast alles nichts wert (90%)
- Medizinische Versorgung und Pharmaforschung sind systemrelevant (89%)
- Umweltbewusstes Verhalten ist Herzenssache (82%)

Werte & Lebensziele
- Sehnsucht nach Stabilität und Sicherheit (91%)
- Lebenswert Ehrlichkeit (90%)
- Mehr Zusammenhalt – weniger Egoismus (89%)
- Erziehungsziel Selbstständigkeit (85%)
- Vertrauen, Verantwortung und Verlässlichkeit (74%)

Privates & Soziales
- Lebensinhalt Familie (87%)
- Solidarität der Generationen (84%)
- Freunde und Nachbarn als „Zweite Familie" (79%)
- Ehe mit Trauschein und Kindern als Lebensmodell (67%)

Selbsthilfe & Gesellschaft
- Helfen, bessere Gesellschaft zu schaffen (81%)
- Helferbörsen im Wohnquartier (81%)
- Förderung der Freiwilligenarbeit (81%)
- Mehr Bürgerinitiativen/Mitmachbewegungen (77%)

Staat & Bürger
- Mehr Weitsicht in der Politik (89%)
- Fürsorgender Sozialstaat (87%)
- Mehr Volksabstimmungen (74%)
- Mehr Selbsthilfe, weniger Staat (71%)
- Zufriedenheit mit Krisenmanagement der Regierung (65%)

Arbeit & Beruf
- Vereinbarkeit von Beruf und Familie auch für Männer (84%)
- Wachsende Bedeutung von Arbeitsgruppen, Teams und Netzwerken (83%)
- Digitalisierungsschub verändert den Berufs- und Alltagsleben (83%)

Wohlstand & Konsum
- Zeit so wertvoll wie Geld (87%)
- Mehr teilen als besitzen (59%)
- Bescheidener werden – und nichts vermissen (59%)
- Keine Sorgen um persönliche wirtschaftliche Lage (50%)

Medien & Öffentlichkeit
- Wunsch nach mehr Optimismus in der Gesellschaft (87%)
- Wachsender Medieneinfluss in der Kindesentwicklung (70%)
- Zukunftsangst durch negative Mediennachrichten (60%)

Mobilität & Tourismus
- Trotz Krise weiter fortbewegen und am Reiseverhalten nichts ändern (50%)
- In Pandemie-Zeiten mit dem Auto in den Urlaub fahren (39%)
- Persönliche Reisewünsche erfüllen können (38%)

Zukunft & Lebensgefühl
- Optimistisch in die Zukunft blicken (84%)
- Besser leben statt mehr haben (82%)
- Öfter über sich und das Leben nachdenken (67%)

Basis: Repräsentativbefragungen von 3.000 Personen ab 14 Jahren in Deutschland
Quelle: O.I.Z./Opaschowski Institut für Zukunftsforschung, Hamburg 2020

3. Quellen und Belege

Vorwort

Köcher, R.: Schwerer Weg in die Normalität. In: FAZ Nr. 118 vom 22. Mai 2020, S. 8

Layard, R.: Die glückliche Gesellschaft. Kurswechsel für Politik und Gesellschaft, Frankfurt/M. 2005

O.I.Z/Opaschowski Institut für Zukunftsforschung: Die Zukunft der Deutschen. Repräsentativumfragen in Deutschland, Hamburg 2020

R+V Versicherung: Die Ängste der Deutschen in der Corona-Krise. Repräsentativumfragen in Deutschland, Wiesbaden 2020

Schröder, M.: Wann sind wir wirklich zufrieden?, München 2020

Vukadinovic, V. S.: Narzissmus und Narkotikum. In: WamS Nr. 24 vom 14. Juni 2020, S. 2

Kapitel I

Csickszentmihalyi, M. : Das Flow-Erlebnis, Stuttgart 1991

Endres, H. (u. a.): Die Psychologie der Angst. In: DER SPIEGEL Nr. 16 vom 11. April 2020, S. 43–48

Hauser, J.A.: Ansatz zu einer ganzheitlichen Theorie der Sterblichkeit. In: ZEITSCHRIFT FÜR BEVÖLKERUNGSWISSENSCHAFT 9/2 (1983), S. 159–186

Jackson, T.: Wohlstand ohne Wachstum, München 2011

Lauterbach, K.: Interview/Streitgespräch. In: DER SPIEGEL Nr. 15 vom 4. April 2020, S. 42–44

Lütz, M.: Der Wunsch nach Gesundheit wird krankhaft. In: FOCUS Nr. 4 vom 23. Januar 2020, S. 74–75

Meisner, J.: Der Kirche ist das Mysterium verlorengegangen. In: DIE WELT vom 5. Juli 1999, S. 6

Schulz, Th.: Zukunftsmedizin, München 2018

Wolfrum, E.: Der Aufsteiger, Stuttgart 2020

Kapitel II

Allman, J.: Parenting and survival in anthropoid primates. In: Proceedings of the National Academy of Sciences of the USA, 95/Nr. 12 (1998), S. 6866-6869

Allmendinger, J.: Wir können uns Karriere ohne Pause nicht leisten (Interview). In: Die Welt vom 14. Juli 2007

Bolz, N.: Das neue Soziale in den Netzwerken. In: Wirtschaftsrat (Hrsg.): Deutschland im Jahr 2035, Darmstadt 2013, S. 55–66

Ganßmann, H.: Der Großvater, sein Enkel und die Rentenreform. In: G. Burkart/J. Wolf (Hrsg.): Lebenszeiten, Opladen 2002, S. 275–285
Handy, Ch.: Die anständige Gesellschaft, München 1998, S. 16 und 77f.
Harari, Y. N.: 21 Lektionen für das 21. Jahrhundert, München 2018
Ipsos/Opaschowski: Nationaler WohlstandsIndex für Deutschland (NAWI-D), Hamburg 2020
Klein, St.: Der Sinn des Gebens, Frankfurt/M. 2010
Nuber, U.: Die Egoismus-Falle, Zürich 1993
Reinhardt, U./R. Popp: Schöne Neue Arbeitswelt?, Hamburg 2018
Schirrmacher, F.: Minimum, München 2006
Schmidt, H./G. di Lorenzo: Auf eine Zigarette mit Helmut Schmidt, 10. Aufl., Köln 2009, S. 24
Scholz, O.: Interview. In: WamS Nr. 16 vom 19. April 2020, S. 4
Schroer, H.: So lebten unsere Vorfahren. Rellinghausen und seine Geschichte, Heft 7, Essen 1986, S. 11
Shell Deutschland (Hrsg.): Jugend 2006, Frankfurt/M. 2006
Spranger, E.: Gesammelte Schriften, Bd. V (1989), S. 1ff.
Steffen, B.: Interview. In: Die Welt vom 18. August 2008, S. 23
Zeh, J.: Fragen zu Corpus Delicti, München 2020
Zellmann, P./H. Opaschowski: Du hast fünf Leben!, Wien 2018

Kapitel III

Antweiler, Chr.: Heimat Mensch. Was uns alle verbindet, Hamburg 2009, S. 59
Deeg, A.: Wir alle!? In: Die politische Meinung Nr. 562, Mai/Juni 2020, S. 44–48
Folkerts-Landau, D.: Wir leben im Zeitalter der Seuchen. In: Die Welt am Sonntag Nr. 15 vom 12. April 2020, S. 32
Giordano, G.: In Zeiten der Ansteckung, Hamburg 2020
Ifd/Institut für Demoskopie Allensbach (Hrsg.): Ist das deutsche Steuersystem gerecht? Allensbacher Berichte Nr. 5, Allensbach 2008
Popp, R./U. Reinhardt: Zukunft. Deutschland im Wandel – Der Mensch im Mittelpunkt, Wien 2015
Taleb, N.: Antifragilität, 2. Aufl., München 2012
Zweig, St.: Die Welt von Gestern, Stockholm 1942

Kapitel IV

BKF/Beratende Kommission für Fremdenverkehr (Hrsg.): Das Schweizerische Tourismuskonzept, Bern 1979
Camus, A.: Der Mythos von Sisyphos, Reinbek 1959
Der Spiegel (Hrsg.): Deutscher Winter, 22. Februar 2020
Drews, H.-P./H. Opaschowski:: 30 Jahre Mauerfall, Hamburg 2020
Georgiewa, K.: Interview. In: Der Spiegel Nr. 9 vom 22. Februar 2020, S. 62f.

Havighorst, R. J.: Successful aging. In: The Gerontologist 1 (1961), S. 4–7
Horx, M.: Die Zukunft nach Corona, Berlin 2020
Ipsos (Hrsg.): 30 Jahre Mauerfall. Ansichten zum Wohlstand in Ost und West, Hamburg 2019
Kepplinger, H. M.: Die Mechanismen der Skandalisierung, 4. Aufl., Reinbek 2018
Koch, H./A. Peduto: Umfrage: Pessimismus der Deutschen wächst. In: Hamburger Abendblatt vom 23. April 2020, S. 4
Kullmann, K. (u. a.): Patient Amerika. In: Der Spiegel Nr. 10 vom 11. April 2020, S. 78–83
Lehr, U.: Subjektiver und objektiver Gesundheitszustand. In: Medizin, Mensch und Gesellschaft 7 (1982)
Neubacher, A.: Kolumne. In: Der Spiegel vom 15. Februar 2020
Neubacher, A.: Gute Männer. In: Der Spiegel vom 4. Juli 2020, S. 15
Opaschowski, H.: Der Fortschrittsbegriff im sozialen Wandel. In: Muttersprache 9/10 (1970), S. 314–329
Opaschowski, H.: Die Zukunftssorgen der Bevölkerung (BAT Studie), Hamburg 2002
Opaschowski, H. Deutschland 2020, Gütersloh 2004
Opaschowski, H.: Die Zukunftshoffnungen der Deutschen (BAT Studie), Hamburg 2007
Pennekamp, J.: Corona-Krise kostet viel Lebensglück, In: FAZ vom 8. Juni 2020, S. 15
Renn, O.: Gefühlte Wahrheiten. Orientierung in Zeiten postfaktischer Verunsicherung, Opladen/Berlin/Toronto 2019
Storch, H. von: Interview. In: Der Spiegel vom 18. Okt. 2019
Toffler, A.: Der Zukunftsschock, München 1970
Toffler, A.: Die Zukunftschance, München 1980
Vester, F.: Phänomen Stress, München 1978
Zeh, J.: Fragen zu Corpus Delicti, München 2020. S. 197f.

Kapitel V

Inglehart, R.: Kultureller Umbruch („Cultural Change"), Frankfurt/M./New York 1989
Marcuse, L.: Argumente und Rezepte. Ein Wörter-Buch für Zeitgenossen, München 1967
Opaschowski, H.: Deutschland 2030, Gütersloh 2013

Anhang

Felixberger, P.: Deutschlands nächste Jahre. Wohin unsere Reise geht, Hamburg 2009

Köcher, R.: Repräsentativumfrage des Instituts für Demoskopie Allensbach „Erosion des Vertrauens", Allensbach November 2019

Neubacher, A.: Weniger ist weniger. In: DER SPIEGEL Nr. 32 vom 1. August 2020, S. 25

O.I.Z: Repräsentativumfrage „Krisenmanagement der Regierung", Hamburg Juli 2020

Renn, O.: Gefühlte Wahrheiten, Opladen/ Berlin/ Toronto/ 2019

Zellmann, P.: Corona. Protokoll eines Blindflugs, Wien 2020

4. Stichwortverzeichnis

A

Achtsamkeit 79, 88
Agenda 72, 83, 110, 141
Aggressivität 93
Alleinerziehende 31, 94
Alltagsleben 17, 151
Alterssicherung 42
Analphabeten, digitale 95
Angst 13, 14, 17, 21–23, 25, 43, 50, 52, 57, 68, 80, 105–108, 112, 113, 115, 126, 128, 129, 134, 136, 145, 146, 148, 151
Angst, German 14, 106, 125
Angstsparen 96, 99
Anspruchsdenken 98
Anspruchshaltung 65
Anspruchsinflation 135
Antifragilität 78
Anwenderdemokratie 54
Arbeitskräftemangel 31, 33
Arbeitsmarkt 57, 62, 86
Arbeitsplätze 34
Arbeitsplatzsicherheit 79
Arbeitswelt 33, 59–63, 114
Arbeitszeit 33, 62, 90
Atmosphärekiller 117
Aufstiegsstreben 64
Auslandsreisen 140
Aussichten 107
Auto 35, 93, 97, 98, 116, 118, 127, 151
Automobilindustrie 19

Autonomie 83
Autotourismus 116, 118

B

Balancing 64
Beistandspflicht 41
Berufswechsel 63
Beschäftigungsverhältnisse 63
Bescheidenheit 98
Besinnung 126, 138, 139
Besonnenheit 86, 103, 125, 128, 132, 138, 139
Betreuungsleistungen 35, 45, 46, 85
Beziehungsnetze 88
Beziehungsqualitäten 34, 35, 40, 46, 102
Beziehungsreichtum 27, 35, 99, 127
Bezugspersonen 95
Bildungslandschaft 83
Bindungen 29, 35, 38, 40, 41, 81, 94
Bindungsfähigkeit 36
Biographie 25, 123
Bleib-zu-Hause-Zeit 11
Bruttoinlandsprodukt (BIP) 104
Bürger 12, 14, 15, 23, 24, 28, 29, 32, 35, 42, 44, 47, 50, 51, 56–58, 65, 67, 68, 71–73, 75–79, 81, 85, 87, 108,

109, 115, 116, 131, 133, 136, 138, 140, 150, 151
Bürgerdemokratie 68
Bürgerdialog 73
Bürgergesellschaft 65
Bürgerinitiativen 15, 43, 55, 65
Bürgerpflicht 25, 67
BürgerSelbstHilfe 47
Bürgersinn 65

C

Carsharing 98
Cocooning 127
Corona-Einschränkungen 117
Corona-Krise 11, 12, 15, 17, 19, 20, 22, 23, 27, 36, 49, 52, 56, 62, 63, 70, 71, 78, 80 ,85, 86, 89, 92, 95, 96, 98, 102, 106, 111, 115, 117, 128, 129, 135, 137, 138, 140, 148
Corona-Virus 13, 111, 113

D

Daseinsvorsorge 67, 71, 142
Demokratie, direkte 68
Denken, positives 22, 24, 113, 122, 123, 132, 144–146
Digital 19, 59, 60, 62, 69, 70, 95, 98, 129
Digitalisierung 19, 59, 62, 63, 69, 95, 125
Digitalisierungsdruck 45
Digital Natives 40, 95
Digitalstrategie 69

Digitalzeitalter 40, 83
Dividende, soziale 87
Doppelverdiener 31

E

Egoismus 30, 47, 86, 127, 151
Ehe 29–31, 132
Ehrenamt 55
Ehrenkodex 75, 77
Ehrlichkeit 75, 76, 151
Eigentumsdenken 95, 97–99
Einigkeit 79, 80
Einkommensverluste 128
Einsamkeit 24, 27, 43, 68
Einstellungswandel 33, 52, 100
Einzelleistung 60, 61
Elterngeneration 37, 38, 39, 99, 124
Elternhaus 25, 93–95, 123, 148
Empathie 15, 88
Engagement 15, 45, 52, 55, 56, 58, 67, 126
Entschleunigung 88–90, 127
Entsolidarisierung 55
Entzugserscheinungen 52, 114
Erlebnisgesellschaft 133
Erlebnismobil 116
Ernstcharakter 59
Erwerbsbiographien 63
Erziehungsziel 76, 81–84, 95, 124, 151
Existenzkrise 78

F

Familie 23, 24, 26–38, 42–44, 46, 49, 63, 64, 66, 67, 79, 81, 85, 94, 101, 103, 104, 125–127, 129, 135, 151
Familienforschung 32, 38, 94
Familienleitbilder 35
Familienmanagement 63
Familienpolitik 32, 34, 35, 38, 42
Familienverständnis 29, 32, 38
Fernziele 115, 116
Finanzkrise 13, 99, 115
Flugtourismus 115, 117
Forschung 11, 122, 144
Fortschritt 78, 102, 121–123, 125, 133, 148
Frauen 28, 30, 31, 34, 35, 42, 43, 53, 63, 64, 81, 89, 104, 107, 111, 136–138
Freiheit 11, 37, 60, 65, 78–80, 87, 102, 103, 122, 132, 148
Freiwilligenarbeit 52, 55, 58, 151
Freiwilliges Soziales Jahr 58
Freunde 15, 26, 30, 36, 40, 43–47, 50–52, 54, 81, 82, 85, 97, 101, 103, 148, 151
Freundlichkeit 21, 77, 118
Freundschaft 40, 45, 77
Freundschaftsdienste 46
Freundschaftspflege 15
Fridays for Future 54, 69, 70, 120, 129
Fridays-for-Future-Generation 110, 140

G

Geborgenheit 11, 15, 31, 38, 43, 73, 77, 87, 127
Gefühlslage 11
Gelassenheit 13, 21, 132
Geld 15, 19, 20, 30, 31, 33, 35, 36, 38–40, 43, 52, 58, 64, 67, 69, 88–90, 96, 97, 99–101, 104, 113, 127, 131, 135, 136, 151
Geldkultur 90
Gemeinschaftsgefühl 43, 51
Gemeinwesen 56, 66, 67, 72, 77
Gemeinwohl 14, 59, 72, 129, 140
Gemeinwohlökonomie 72
Gemütlichkeit 80
Generationen 32, 34, 36, 38–43, 46, 54, 58, 69, 92, 98, 129, 138
Generationenbeziehungen 34, 39–44, 101
Generationenfamilie 32, 41, 42
Generationenkluft 140
Generationenpakt 38–40, 46
Generationenvertrag 38–42
Generationenzusammenhalt 38–40
Geschwister 40
Gesellschaft, gespaltene 136

Gesellschaft, semiglückliche 15, 131, 133, 136, 151
Gesellschaftswandel 33
Gesunderhaltung 135
Gesundheit 12, 15, 17–22, 36, 79, 80, 100–102, 123–125, 127, 136, 151
Gesundheitsorientiert 125
Gesundheitssystem 18, 20
Gesundheitstrends 18
Gesundheitsversorgung 20
Glaubenswunder 144
Glaubwürdigkeit 66, 67, 81, 140
Glück 11, 31, 67, 114, 115, 117, 119, 124, 131, 137, 148
Glückauf 131–133
Glücksforschung 14
Glücksministerium 132
Gott 143, 144
Gottvertrauen 82, 143
Großelterngeneration 38, 39
Großfamilie 34, 39
Grundeinkommen 69
Grundgeborgenheit 28
Grundgesetz 34, 68, 69, 75
Grundrente 69
Grundstimmung 107, 108, 132, 134, 148
Grundversorgung 71

H

Handlungsbedarf 121
Haus der Zukunft 15, 151
Hausgemeinschaft 29, 46
Haushaltsführung 32, 33
Heimat 29, 87
Heimaturlaub 116
Helferbörsen 51, 53, 54, 58, 66, 86, 151
Helferkontakte 52
Helfertätigkeit 52, 53, 66, 85
Herzenssache 91, 92, 151
Hierarchien 60, 61
Hilfeleistung 39, 42–44, 47, 48, 50, 51, 146
Hilfeleistungsgesellschaft 58, 65
Hilfenetzwerke 85
Hilfsbereitschaft 14, 44, 47, 49, 56, 58, 66, 75, 85, 87, 129
Hoffnung 21, 22, 24–26, 77, 82, 108, 123–125, 128, 134, 144, 147, 148
Homeoffice 59, 60, 62, 63, 69, 129
Homeschooling 129
Hungersnot 17

I

Ichlinge 47, 76, 87
Individuell 54, 61, 76, 84, 87, 89, 97, 101, 103, 119, 150
Informell 54, 55, 66, 85
Internet 27, 45, 69, 70, 93, 99, 107, 114

J

Jahrtausendwende 50, 67, 131
Jugend 24, 32, 38, 42, 55, 69, 110, 111, 118, 123, 124, 141, 148
Jugendliche 28, 45, 52, 53, 55, 58, 69, 76, 81, 89, 95, 107, 131, 135, 138

K

Kapital, soziales 101
Karriere 20, 31, 33, 63, 64
Karrieregeneration 60, 61, 64
Kaufen 50, 82, 90, 97
Kaufzurückhaltung 96, 99
Kinder 27, 29–31, 33–36. 38, 40–44, 49, 50, 54, 57, 63, 64, 66, 79, 85, 94, 95, 98, 99, 125, 144, 151
Kinderbetreuung 43, 57, 63, 64
Kindererziehung 33, 34
Kindergeneration 38, 39
Kinderlose 30, 46
Kindesentwicklung 94, 151
Kindheit, mediatisierte 94
Klimakrise 113, 115
Klimapaket 120
Klimawandel 68, 108, 113, 120, 125, 126, 129
Kommunalpolitik, aktivierende 58, 66, 85
Kommunikationstraining 54
Konsumdreiklang 99
Konsumexplosion 99
Konsumhaltung 19, 20, 97, 137
Konsumkritiker 98
Konsumlust 73, 96, 126
Konsummoral 98
Konsumwünsche 137
Konsumzurückhaltung 98
Kontaktpflege 81, 82, 127
Konvois, soziale 45–47
Kreuzfahrttourismus 115, 117
Krise 11, 12, 14, 15, 18, 19, 22, 24, 36, 50, 56, 59, 62, 65, 69, 70–73, 79, 87, 95, 96, 98, 99, 102, 103, 109, 111, 116, 121, 127, 129, 131, 133, 138–141, 147–151
Krisenbewältigung 49, 140
Krisen-Credo 127
Kriseneinsamkeit 27
Krisenerfahrung 15, 41, 127
Krisengesellschaft 133
Krisenmanagement 139, 151
Krisenmodus 21
Krisenresistent 22
Krisenzeiten 11, 14, 17, 22–25, 36, 39, 45, 65, 72, 80, 85, 87, 107, 113, 117, 125, 126, 129, 132–134, 136, 138, 141, 143, 148, 150
Kulturtechniken 94

L

Lebensalter 25, 53
Lebensbedürfnisse 114
Lebensbejahung 22, 134
Lebenserfüllung 35, 36, 64

Lebensgefühl 14, 24, 120, 124, 133, 150, 151
Lebensgefühl, gespaltenes 131
Lebensgemeinschaft 29, 38
Lebensgewohnheiten 20, 92
Lebensglück 101, 103, 111
Lebenskonzepte 28, 31, 64, 125
Lebensprioritäten 20, 99, 104
Lebensqualität 22, 25, 28, 33, 38, 45, 46, 50, 64, 90, 93, 100, 102, 103, 117, 119, 123, 133
Lebensrisiken 133
Lebenssinn 84, 94, 125, 138
Lebensunterhalt 71
Lebensunternehmertum 82
Lebensversicherung 22, 24, 28, 29, 41, 42, 122, 123, 129
Lebenszeit 34, 40, 43, 54
Lebenszufriedenheit 12, 19, 21, 25, 100, 101, 111, 119
Leitbilder 33, 95
Lifestyle 94, 116, 128, 138
Lockerungsmaßnahmen 140
Luftblase 115
Luxese 96, 99
Lykke 132

M

Macht 56, 64, 66, 67, 112
Machterhalt 67, 72, 140
Maß 44, 71, 110, 137
Maßhalten 138
Massentourismus 117

Medien 19, 45, 70, 93–95, 106–108, 110, 112, 129, 151
Medienkonsum 93, 94
Mehrfamilienhäuser 146
Mehrgenerationenfamilie 39
Mehrgenerationenhaus 46, 51
Mehrgenerationenhaushalt 34
Mehrheitsgesellschaft 12
Mehrheitsmeinungen 12, 106
Mieten 97
Millenniumsfieber 56
Minderheit 12, 33, 83, 136
Mitgliedschaften 54
Mitmachbewegungen 55, 69, 151
Mitmachgesellschaft 56, 57
Mobilität 83, 114, 151
Multifunktionsmobil 116
Mut 15, 22, 25, 59, 89, 113, 122, 141
Mutmacher 134, 142

N

Nachbarn 38, 44, 47–51, 82, 85, 151
Nachbarschaftsfest 48, 49
Nachbarschaftsgedanke 47
Nachbarschaftshilfe 15, 46, 47, 49, 85
Nachbarschaftsverhältnis 85
Nachdenklichkeit 86, 92, 138, 149
Nachkommen 38, 39, 56
Nächstenliebe 57, 58
Natur 91–93, 101, 103, 120

Negativmeldung 106
Netzwerk 32, 45, 46, 49, 54, 59, 61, 81, 151
Netzwerkpartner 44
Normalität, neue 25, 92, 110, 111, 127
Not 17, 46, 48, 71, 86, 100, 146
Notsituationen 28, 46, 72, 102

O

Ökologie 92
Online-Demokratie 70
Onlineshops 97
Optimismus 14, 25–27, 124, 125, 131, 132, 134, 135, 143, 145, 149, 151
Optimismus, gebremster 26
Optimismus, pessimistischer 132
Optimismus, realistischer 132
Optimisten 109, 135, 136

P

Pandemie 13–15, 19, 21, 25, 36, 108, 111, 116, 118, 119, 126, 127, 132, 136, 139, 151
Parteien 47, 55, 66–69, 72, 75, 81, 141
Parteienkrise 67
Partnerbeziehungen 44
Patchwork-Familie 29, 30, 94
Persönlichkeitsbildung 93, 94
Pessimismus 22, 23, 106, 132, 134

Pflichtgedanke 59
Pharmaforschung 18, 151
Politik 141, 150
Politiker 11, 12, 44, 66–68, 71–73, 75, 77, 108, 135, 136, 139, 140, 141, 146
Politikerverdrossenheit 140
Politikverdrossenheit 67, 140
Positiv-Bazillus 88, 110
Positivdenken 110
Positiv-Potentiale 24, 25
Post-Corona-Agenda 142
Post-Corona-Ära 141, 150
Post-Corona-Konsumenten 97, 98
Post-Corona-Welt 128
Post-Corona-Zeit 15, 127, 131, 132, 149, 151
Prä-Corona-Zeit 127
Privatismus 50
Problemlöser 141
Prognosen 110, 120

Q

Quartiermanager 66, 85

R

Realisten 136
Reisefreiheit 115
Reiseintensität 114, 115
Reiselust 114–116
Reisen 13, 99, 113–115
Reisepläne 115
Reiseverbote 13, 113, 114
Reiseverhalten 115, 151

Reiseverzicht 114–116
Reisewarnungen 13, 113
Restrisiko 126
Rezession 135
Rollenwechsel 64
Rückbesinnung 41

S

Schaffensfreude 84
Schreckensszenarien 40, 112
Schule 11, 13, 59, 69, 84, 93–95, 129
Schülercoaching 84
Sehnsucht 11, 12, 41, 73, 78–80, 96, 125, 134, 137, 138, 151
Sekundärtugenden 81
Selbsthilfe 65, 67, 151
Selbsthilfegedanke 47
Selbstständigkeit 36, 60, 61, 75, 79, 82–84, 151
Selbstvertrauen 75, 81–84, 127, 143, 145
Semiglück 131–133, 147, 150
Semiglücklich 15, 131, 133, 136, 151
Service 117, 118
Sharing-Ökonomie 97
Shutdown 14, 17, 119
Sicherheit 12, 20, 29, 31, 35, 38, 48, 50, 53, 65, 73, 78–80, 108, 118, 127, 151
Singles 19, 23, 28, 35, 46, 53, 89, 139
Sinn 61, 100, 138, 139

Sinnerfüllung 88, 137
Sinnesüberreizung 93
Sinnhunger 100
Sinnkrisen 100
Sinnmärkte 101
Sinnorientierung 101, 138
Sinnperspektive 109
Sisyphus 119
Skandilisierung 106, 107
Social distancing 11, 27, 36, 116
Solidär 87
Solidargemeinschaft 29
Solidargesellschaft 87
Solidarität 36, 38, 39, 41–43, 47, 49, 54, 56–58, 129, 151
Solidaritätsgedanke 72
Solitär 87
Sommermärchen 21
Sorglosigkeit 136
Sozialabzeichen 58
Sozialarbeit 145
Sozialorientiert 61, 104, 125
Sozialisationsinstanzen 95
Sozialkarrieren 54
Sozialkompetenz 51, 59
Sozialmisere 146
Sozialstaat 29, 31, 68, 70–72, 129, 151
Sozialstaatsprinzip 70, 71
Sozialverhalten 45
Sparmaßnahmen 96
Sparquote 96, 102
Staat 47, 58, 65, 67, 70–73, 143, 151

Staat-Bürger-Dialog 73
Stabilität 40, 41, 44, 45, 73, 78, 79, 140, 151
Statussymbol 20, 115
Steuerhinterziehung 77
Steuersenkungen 14, 75, 96
Stimmungstief 109, 131
Stimmungswechsel 140
Systemrelevant 20, 129, 151
Szenarien 32, 40, 105, 108, 110, 112, 113, 126, 142, 148

T

Teamarbeit 60, 61
Teamfähigkeit 60
Teilen 12, 95, 97, 98, 151
Top-Corona-Zeit 13
Traum 22, 90, 104, 114, 116, 123, 137
Transferleistungen 41
Trotzhaltung 115
Twitter-Experiment 120

U

Umweltbewusstsein 91, 92
Umwelteinflüsse 20
Umweltfrage 92, 140
Umweltfreundlich 92
Umweltschutz 67
Umweltsensibilität 92
Umweltverhalten 91
Ungewissheit 78, 80, 118
Unsicherheit 78, 80, 84, 110, 111, 117, 118

Unternehmenskultur 61
Unzufriedenheit 72, 108, 110, 112
Unzufriedenheitsdilemma 135
Urlaub 114, 116–118, 151
Urlaubsparadies 118
Urlaubsqualität 117, 118

V

Verantwortung 11, 15, 23, 29, 33, 63, 64, 67, 69, 72, 76, 77, 79, 81, 84, 88, 108, 119, 141, 142, 151
Verantwortungsbewusstsein 141
Verantwortungsgesellschaft 76
Verantwortungsübernahme 52, 67
Verarmungen 148
Vereinbarkeit 34, 63, 64, 151
Vereinsamung 27
Verlässlichkeit 15, 27, 38, 58, 75, 77, 81, 82, 151
Verpflichtungen 41, 55, 88
Vertrauen 15, 22, 27, 66, 67, 71, 72, 80–82, 108, 126, 129, 140, 151
Vertrauenskrise 67, 140
Vertrauensmangel 81
Vertrauensschwund 68
Vertrauensverluste 72, 75, 120
Verunsicherung 79, 96, 111, 134, 136, 150
Vervollkommnungsfähigkeit 121

Verwahrlosung, soziale 94
Visionen 142
Volksabstimmungen 66–68, 151
Volksentscheide 67
Vorausschau 142
Vorsorge 42, 58, 68, 71, 72, 140
Vorsorgearbeit 73
Vorsorgeleistung 34
Vorsorgemaßnahmen 51
Vorsorgesparen 98, 99

W

Wachstum 19, 102, 103, 145
Wagenburg 27, 48, 126
Wahlfamilie 29, 46
Wahlversprechen 67, 75
Wahlverwandtschaft 29, 46
Weitsicht 141, 142, 151
Weltgesundheitsorganisation 18
Weltuntergang 24, 105, 113, 123
Weltuntergangsuhr 112
Werte 36, 44, 54, 75–77, 93, 116, 119, 126, 127, 151
Werteexplosion 19
Wertehierarchie 75
Wertekanon 76
Werteskala 76
Wertewandel 33, 87, 125
Wertschätzung 88, 149
Wertsucher 98
Wetterphobien 105

Wir 72, 88, 129
Wir-Gefühl 71, 85, 87
Wissenschaft 11, 110, 114, 121, 146
Wohlergehen 12, 15, 17, 18, 22, 28, 29, 35, 68, 86, 87, 95, 99–102, 104, 120, 127, 129, 135, 136, 150
Wohlfahrt 102
Wohlfühlen 20, 21, 100, 117
Wohlfühlstrategien 124
Wohlstand 14, 17, 19, 35, 61, 73, 86, 87, 95, 96, 99–104, 127, 135, 136, 139, 147, 151
Wohlstandsfaktor 29
Wohlstandsgüter 103
Wohlstandsillusion 135
Wohlstandsmaßstab 104
Wohnquartier 48, 51, 53, 58, 151
Wohnungsmanagement 66, 86
Wohnungsunternehmen 86
Wunschdenken 22, 123

Z

Zeit 54, 90
Zeitdenken 89
Zeitgeistströmungen 28, 109
Zeitinseln 89
Zeitkultur 89, 90
Zeitoptionen 90
Zeitwohlstand 57, 88–90, 99, 127

Zufriedenheit 13, 14, 71, 139, 140, 151
Zufriedenheitsgrad 23
Zugehörigkeitsgefühle 43
Zukunft 110, 141
Zukunftsängste 21, 80, 107, 112
Zukunftscredo 139
Zukunftserwartungen 24, 123
Zukunftsfähigkeit 84
Zukunftsforschung 13, 128, 151
Zukunftsgestaltung 109
Zukunftsgewissheiten 107
Zukunftshaus 15, 149–151
Zukunftshoffnungen 14, 106, 119
Zukunftshunger 134
Zukunftsmärkte 101

Zukunftsoptimismus 23, 25, 108, 124
Zukunftsperspektive 13, 23, 107, 121, 134, 141
Zukunftspolitik 42
Zukunftssorgen 78, 106, 119
Zukunftsungewissheit 136
Zukunftsvorsorge 35, 101, 120
Zurückhaltung 50, 96, 99
Zusammengehörigkeitsgefühl 71, 87
Zusammenhalt 32, 35, 36, 38, 42, 47, 49, 56, 73, 80, 85, 120, 129, 151
Zuversicht 12, 13, 15, 21–23, 110, 118, 123, 126, 129, 132, 134, 143 ,144
Zweckoptimismus 134

Ortwin Renn

Gefühlte Wahrheiten
Orientierung in Zeiten postfaktischer Verunsicherung

2., vollständig überarbeitete und aktualisierte Auflage
2019 • 180 S. • Kart. • 16,90 € (D) • 17,40 € (A)
ISBN 978-3-8474-2271-6 • eISBN 978-3-8474-1342-4

Populistische Strömungen gewinnen weltweit an Resonanz, gleichzeitig beobachten wir ein tiefes Misstrauen in die Problemlösungsfähigkeit der Politik, in die Fairness der Wirtschaft und die Unabhängigkeit der Wissenschaft. Der Soziologe und Risikoforscher Ortwin Renn führt diese Tendenzen auf gesellschaftliche Verunsicherung angesichts gesellschaftlicher Veränderung und Komplexität zurück. In seinem Buch untersucht er die aktuellen gesellschaftlichen Ängste, ihre Ursachen und Folgen. Aufklärend zielt Renn darauf, Verunsicherung abzubauen. Zudem will Renn mit diesem Buch mehr Zuversicht in die Leistungskraft der zentralen gesellschaftlichen Institutionen, aber auch mehr Zutrauen in die eigene Gestaltungskraft wecken.

Prof. Dr. Dr. h.c. Ortwin Renn, Wissenschaftlicher Direktor am Institut für Transformative Nachhaltigkeitsforschung (IASS) und Professur für Umwelt- und Techniksoziologie, Universität Stuttgart

www.shop.budrich.de

Klaus Moegling

Neuordnung

Eine friedliche und nachhaltig entwickelte Welt ist (noch) möglich – Analyse, Vision und Entwicklungsschritte aus einer holistischen Sicht

3., aktualisierte und erweiterte Auflage 2020 • 358 Seiten • Kart.
23,00 € (D) • 23,70 € (A) • ISBN 978-3-8474-2372 • eISBN 978-3-8474-1523-7

Krieg, soziale Ungleichheit, Klimaerwärmung. Die Welt steht täglich vor neuen Herausforderungen, die, so Klaus Moegling, nur durch eine radikale Neuordnung bewältigt werden können. Seine Botschaft lautet:
Eine friedliche und am Prinzip der Nachhaltigkeit orientierte Welt ist noch möglich. Allerdings kann die Menschheit sich damit nicht mehr viel Zeit lassen. Daher muss die Neuordnung bereits jetzt mit den ersten notwendigen Schritten beginnen.

www.shop.budrich.de